51 विज्ञान प्रयोग

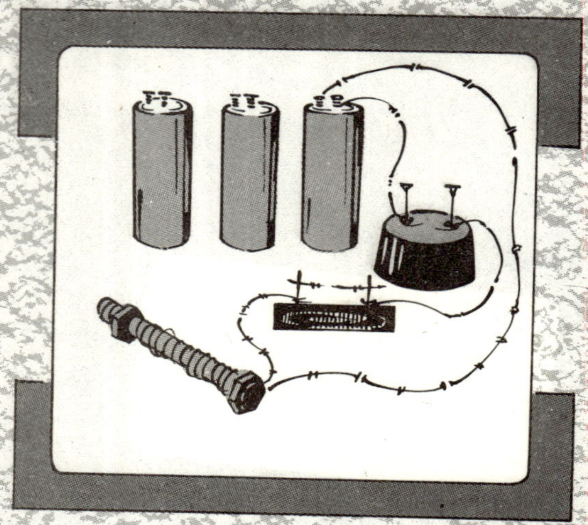

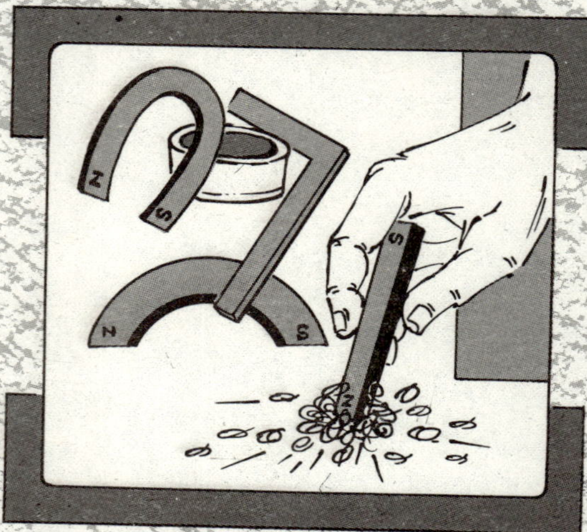
N
S
N
S
S

51 विज्ञान प्रयोग

श्यामसुंदर शर्मा

विद्या विहार, नई दिल्ली

प्रकाशक : **विद्या विहार**
19, संत विहार (पहली मंजिल) गली नं. 2, अंसारी रोड, नई दिल्ली-110002
 / संस्करण : 2025 / मूल्य : चार सौ रुपए
मुद्रक : नरुला प्रिंटर्स, दिल्ली ISBN 978-93-82898-85-6

51 VIGYAN PRAYOG
by Shri Shyam Sundar Sharma ₹ 400.00
Published by **VIDYA VIHAR**
19, Sant Vihar (First Floor), Street No.2, Ansari Road, New Delhi-2

विषय-सूची

प्रयोगों के बिना चारा नहीं

मानव पृथ्वी पर आज से लगभग बीस लाख साल पहले आया था। पृथ्वी के अन्य जीव-जंतुओं की भाँति उसका भी विकास हुआ था। यद्यपि प्रारंभ में मनुष्य शारीरिक रूप से हमसे (वर्तमान मनुष्य से) बहुत भिन्न था; पर उस समय भी उसका मस्तिष्क बहुत बड़ा था और उसमें अपने आसपास की वस्तुओं एवं घटनाओं को ध्यानपूर्वक देखने, उनके बारे में सोचने और उसके आधार पर निष्कर्ष निकालने का गुण था। वह हर घटना के पीछे कारण ढूँढ़ने की कोशिश करता था। पर वह हमेशा सफल नहीं हो पाता था, क्योंकि उसके पास साधन बहुत कम थे। इसलिए अनेक घटनाओं को वह ईश्वर द्वारा किए जानेवाले काम मान लेता था। इस प्रकार से उसके मन में अनेक अंधविश्वास और भ्रांतियाँ बन गई थीं। परंतु कुछ आदमी अपने साथियों से अधिक बुद्धिमान थे। वे अन्य लोगों की बातों पर आँख मूँदकर भरोसा कर लेने की बजाय अपने आप प्रयोग करके वस्तुओं के गुणों को परखना चाहते थे और घटनाओं के कारण ढूँढ़ना चाहते थे। ऐसे लोगों द्वारा हजारों सालों तक प्रयोग करते रहने और उनके आधार पर नतीजे निकालते रहने से ही यह पता चला कि प्रकृति में सब काम नियमों के अनुसार ही होते हैं। यद्यपि आज तक भी हमें सभी प्राकृतिक नियमों की पूरी जानकारी नहीं है, पर उनका

पालन करने के फलस्वरूप आज हमारा जीवन हमारे पूर्वजों की तुलना में बहुत अधिक सुरक्षित और सुविधाजनक हो गया है। उन नियमों की जानकारी से ही हमें वह ज्ञान प्राप्त हुआ है जिसे हम 'विज्ञान' कहते हैं।

इस प्रकार तुम समझ गए होगे कि जानकारी प्राप्त करने का एक बढ़िया तरीका है प्रयोग करना—और उसके आधार पर निष्कर्ष निकालना। पर प्रयोग करते समय पहले से ज्ञात विधियों और निष्कर्षों का लाभ उठाना जरूरी है।

प्रयोग हमेशा बड़े ही नहीं होते और न ही हमेशा वे सुसज्जित प्रयोगशालाओं में, जिनमें सब प्रकार की सुविधाएँ उपलब्ध होती हैं, किए जाते हैं। अनेक प्रयोग घरों में भी आसानी से, उपलब्ध सामानों से, किए जा सकते हैं। हम इस पुस्तक में

कुछ ऐसे ही प्रयोग बता रहे हैं, जिन्हें तुम अपने घरों में भी, आसानी से उपलब्ध चीजों की सहायता से, कर सकते हो।

तुम्हारी सुविधा के अनुसार इन प्रयोगों को कुछ खंडों में बाँटा गया है, जैसे—हवा से संबंधित प्रयोग, चुंबक और विद्युत् से संबंधित प्रयोग, रासायनिक प्रयोग आदि। प्रत्येक खंड में संबंधित विषय के बारे में कुछ जानकारी दी गई है जिससे तुम विषय विशेष को बेहतर तरीके से समझ सको। उदाहरण के तौर पर, हवा से संबंधित प्रयोगों की चर्चा करने से पहले हवा के कुछ मूलभूत गुण बताए गए हैं; रासायनिक प्रयोगों से पहले रसायनशास्त्र के विकास के बारे में बताया गया है।

प्रयोगों के बाद उनमें निहित सिद्धांतों को समझाने का भी प्रयत्न किया गया है। आशा है, तुम रुचि लेकर ये प्रयोग करोगे और उनसे कुछ सीखोगे। हो सकता है कि तुममें से कुछ बच्चों को इन प्रयोगों से वैज्ञानिक बनने की प्रेरणा मिल जाय। यदि ऐसा हो जाए तो हम सबको बहुत खुशी होगी।

□

रसायनशास्त्र कैसे विकसित हुआ

बच्चो! तुम जानते हो कि हमारे चारों ओर, हर वक्त, निरंतर, रासायनिक क्रियाएँ होती रहती हैं। ये क्रियाएँ हमारे शरीर में भी होती हैं, हमारे घर में भी, पेड़-पौधों में भी और कारखानों में भी। पर तुममें से कुछ बच्चे शायद यह नहीं जानते होंगे कि इन क्रियाओं को समझानेवाले शास्त्र–रसायनशास्त्र–के विकास में पारस पत्थर और अमृत की खोज ने बहुत योग दिया था। पारस पत्थर एक ऐसा काल्पनिक पत्थर है जिससे छू देने भर से लोहा सोने में बदल जाता है। कहा जाता है कि एक समय कुछ विद्वानों को पारस पत्थर बनाने की विधि ज्ञात थी। पर उन्होंने उसे किसीको बताया नहीं और वह विधि खो गई। इसलिए प्राचीन काल से ही लोग उसे बनाने का तरीका खोजते रहे हैं।

अमृत ऐसे द्रव को कहते हैं जिसको पीने से आदमी अमर हो जाता है। वह कभी नहीं मरता।

पर क्या लोगों को पारस पत्थर और अमृत मिल गए? नहीं! और न ही कभी वे मिलेंगे, क्योंकि ये दोनों काल्पनिक पदार्थ हैं। वास्तव में ये कभी भी धरती पर मौजूद नहीं थे। परंतु इनकी खोज के प्रयत्नों में अलग-अलग पदार्थों को आपस में मिलाने से, उन्हें गरम या ठंडा करने अथवा घोलने से कई नई

बातें मालूम हुईं। साथ ही लोगों को वर्षों तक विभिन्न क्रियाओं का बारीकी से अवलोकन और अध्ययन करने से अपने आसपास के पदार्थों के बारे में नया ज्ञान प्राप्त हुआ। पदार्थों की संरचनाओं के बारे में नए तथ्य सामने आए, जिससे अनेक सिद्धांत खोजे जा सके। उन सूक्ष्म कणों के बारे में मालूम हुआ जिनसे सब पदार्थ—चाहे वे ठोस हों, द्रव हों अथवा गैस के रूप में हों—बने हैं। और इस प्रकार धीरे-धीरे रसायनशास्त्र विकसित हो गया।

आज हमें ऐसी अनेक क्रियाओं के बारे में मालूम है, जो पहली नजर में जादू प्रतीत होती हैं। पर वास्तव में वे रासायनिक क्रियाएँ हैं और रसायनशास्त्र के सिद्धांतों की मदद से उन्हें समझाया जा सकता है। हम तुम्हें ऐसी ही कुछ क्रियाओं के बारे में बता रहे हैं। हमें आशा ही नहीं, पूरा विश्वास है कि इन प्रयोगों

(क्रियाओं) को करने में तुम्हें बहुत आनंद आएगा। हो सकता है कि तुममें से कुछ बच्चे इन्हें 'जादू' बताकर अपने साथियों को भ्रम में भी डाल दें।

बहुत से ऐसे पदार्थ, जो जादू प्रतीत होनेवाले रासायनिक प्रयोग करने के लिए जरूरी होते हैं, हमारे लिए हानिकारी भी हो सकते हैं। वे जहरीले होते हैं और त्वचा आदि पर लग जाने से उसे जला देते हैं। इसलिए हम अपने प्रयोगों में उन पदार्थों का उपयोग नहीं करेंगे, अथवा कम-से-कम करेंगे। हम उन पदार्थों से ही प्रयोग करने का प्रयत्न करेंगे जो हानिरहित हैं। फिर भी, यह बहुत जरूरी है कि इन पदार्थों को न तो तुम चखोगे और न ही सूँघोगे। उन्हें हाथ से पकड़ने के बाद अपने हाथों को अच्छी तरह से साबुन से धोओगे। ऐसा करना बहुत जरूरी है, अन्यथा

हानि पहुँचने की आशंका रहती है।

ये सब पदार्थ तुम्हें केमिस्ट की दुकान से–उस दुकान से जहाँ रासायनिक पदार्थ मिलते हैं–मिल जाएँगे।

यदि ये प्रयोग अपने किसी बड़े की देखरेख में करो तो बेहतर होगा।

तुम्हारे लिए हर प्रयोग में निहित सिद्धांत को भी समझाया गया है।

□

तैरती हुई ज्वाला

तैरती हुई ज्वाला का प्रयोग करने के लिए तुम्हें चाहिए छह मोमबत्तियाँ—जिनमें से पाँच एक से आकार की हों, बराबर मात्राओं में पोटैशियम क्लोरेट, चीनी और कई मीटर लंबा, पतला काला धागा। पानी, माचिस, गिलास और मेज जैसी चीजें हर घर में रहती ही हैं।

पहले पोटैशियम क्लोरेट का गुनगुने पानी में संतृप्त घोल बना लो। (तुम जानते हो कि किसी वस्तु का संतृप्त घोल वह घोल होता है जिसमें घोल बनाने के ताप पर वस्तु की और अधिक मात्रा घोलक में न घुल सके। पर घोल का ताप बढ़ा देने पर, साधारणतया, वस्तु की और अधिक मात्रा उसमें घुल जाती है।) इस घोल में चीनी मिला दो। फिर इस घोल में धागे को डाल दो और कुछ मिनटों तक उसे पड़ा रहने दो। फिर धागे को निकालकर भलीभाँति सुखा लो।

अब पाँच एक जैसी मोमबत्तियों को मेज पर एक पंक्ति में खड़ा कर लो। पहली को छोड़कर सब मोमबत्तियों की बत्तियों को धागे से आपस में जोड़ दो।

पहली मोमबत्ती को जलाकर उससे आपस में जुड़ी मोमबत्तियों में से सबसे आगे रखी मोमबत्ती को जला दो। पर शीघ्र ही उसे फूँक मारकर बुझा दो और जलती हुई मोमबत्ती को उससे कुछ इंच ऊपर कर लो। ऐसा होने पर तुम देखोगे कि जलती हुई मोमबत्ती से लौ अपने आप उछलकर बुझाई गई मोमबत्ती तक पहुँच जाती है और उसे जला देती है। ऐसा प्रतीत होता है मानो लौ 'हवा में तैरती हुई' मोमबत्ती तक पहुँच गई थी। क्षण भर बाद यह लौ तैरती हुई अन्य मोमबत्तियों तक पहुँचकर उन्हें भी जला देती है। पर इस बार लौ हवा में तैरती हुई आगे नहीं बढ़ती वरन् धागे की मदद से अन्य मोमबत्तियों तक पहुँचती है। धागा के पतले और सफेद घोल से लिप्त होने के कारण वह दूर बैठे दर्शक को दिखाई नहीं देता।

हो सकता है कि तुममें से कुछ बच्चे लौ के जलती हुई मोमबत्ती से उछलकर बुझाई गई

मोमबत्ती तक पहुँचने के कारण को न समझ पाए हों। यह हम समझाने का प्रयत्न करते हैं।

पोटैशियम क्लोरेट प्रबल ऑक्सीकारी एजेंट है। वह शीघ्रता से विघटित होकर ऑक्सीजन मुक्त कर देता है। जैसाकि तुम जानते हो कि ऑक्सीजन वस्तुओं को जलने में मदद देती है और धीरे-धीरे सुलगती आग को तेजी से भड़का देती है। मोमबत्ती को फूँक मारकर बुझा देने पर भी उसकी बत्ती कुछ क्षणों तक हलकी-हलकी सुलगती रहती है। धागे में लिपटे पोटैशियम क्लोरेट के गरम होने से मुक्त हुई ऑक्सीजन और (धागे पर ही लिपटी) चीनी के ज्वलनशील होने के कारण ऐसी स्थिति पैदा हो जाती है कि जलती हुई मोमबत्ती की लौ बुझी हुई मोमबत्ती तक उछलकर पहुँच जाए। □

2

कार्बन डाइऑक्साइड हवा से भारी होती है

यह दर्शाने के लिए कि कार्बन डाइऑक्साइड हवा से भारी होती है, तुम्हें जिन वस्तुओं की जरूरत होगी वे हैं काँच की एक बोतल, अलग-अलग लंबाइयों की तीन मोमबत्तियाँ, कड़ा कागज, पेस्ट, काँच का एक दंड (ग्लास रॉड), काँच की एक कटोरी, सिरका और खाने का सोडा।

सबसे पहले कागज के टुकड़े से एक साइफन बना लो। तुम्हें मालूम है कि साइफन एक ऐसी नली होती है जो कम-से-कम एक स्थान पर मुड़ी होती है और उसका एक भाग दूसरे से बड़ा होता है। उसका उपयोग वायु के दाब की मदद से किसी द्रव को ऊँचे स्तर से निचले स्तर पर लाने के लिए किया जाता है।

साइफन बनाने के लिए कागज को काँच के दंड पर लपेटकर नली के आकार में ढाल लो। फिर उसके सिरों को पेस्ट से चिपका लो। जब नली सूख जाए तो उसे एक स्थान पर इस प्रकार मोड़ लो कि एक तरफ एक-चौथाई नली रहे और दूसरी ओर तीन-चौथाई। वह चित्र में दर्शाए गए आकार में दिखाई देगी।

काँच की कटोरी में तीनों मोमबत्तियाँ रखकर उन्हें जला दो। फिर बोतल में सिरका डालकर उसमें खानें का सोडा डाल दो और बोतल को काँच की कटोरी के पास रखकर बोतल और कटोरी को साइफन से इस प्रकार जोड़ दो कि साइफन का छोटा हिस्सा बोतल के मुँह के निकट रहे।

बोतल में भरे सिरके और सोडे में रासायनिक क्रिया होने के फलस्वरूप कार्बन डाइऑक्साइड बनती है, जो साइफन में से होती हुई काँच की कटोरी में पहुँच जाती है। हवा से भारी होने के

कारण वह कटोरी की तली के निकट ही रहेगी। पर बोतल से लगातार आते रहने से कटोरी में कार्बन डाइऑक्साइड की मात्रा बढ़ती जाती है।

सबसे पहले सबसे छोटी मोमबत्ती बुझती है, फिर उससे बड़ी और सबसे बाद में सबसे बड़ी।

इससे यह प्रमाणित होता है कि कार्बन डाइऑक्साइड हवा से भारी होती है।

☐

3

पानी जो ‘दूध’ बन जाए

बहुत से लोग दूध में पानी की मिलावट करते हैं। तुम जानते हो कि दूध में कितना भी पानी मिलाया जा सकता है। पर अगर दूध में पानी की मात्रा ज्यादा हो जाती है तब वह आसानी से पकड़ी जा सकती है। इसलिए अनेक बार दूध विक्रेता यह चाहते हैं कि किसी तरह ‘पानी ही दूध बन जाए।’ हम तुम्हें ऐसी ही तरकीब बताएँगे। पर इस प्रकार जो ‘दूध’ बनता है, वह पीने लायक नहीं होगा। दरअसल वह ‘दूध’ होता ही नहीं। इसीलिए उसे कभी पीने की कोशिश भी नहीं करना।

इसके लिए तुम्हें चाहिए दो रसायन—सोडियम थायोसल्फेट और सोडियम बाइसल्फेट, दो काँच के गिलास और पानी।

पहले गिलास को पानी से चौथाई भर लो। फिर उसमें पानी के वजन से लगभग आठ गुना सोडियम थायोसल्फेट डालकर चम्मच से उस समय तक हिलाते रहो जब तक कि वह पूरी तरह से पानी में घुल नहीं जाता।

यहाँ कुछ बच्चे यह शंका प्रकट कर सकते हैं कि उन्हें पानी का वजन कैसे मालूम होगा। यह मालूम करना आसान है। एक मिलीलीटर पानी का वजन एक ग्राम होता है। ऐसे बरतन आसानी से मिल जाते हैं जिनमें मिलीलीटर में मापने के निशान लगे होते हैं। उनसे मापकर गिलास में पानी डालने से पानी के वजन का अंदाज हो जाएगा।

दूसरे गिलास को भी पानी से चौथाई भर लो। उसमें उतना ही सोडियम बाइसल्फेट डालो जितना पहले गिलास में सोडियम थायोसल्फेट डाला था। फिर उसे घोल लो।

अब दूसरे गिलास के घोल को पहले गिलास में डाल दो और उसे पाँच मिनट तक बिना

हिलाए-डुलाए रखे रहने दो। पाँच मिनट बाद गिलास में 'दूधिया' अवक्षेप बन जाता है। इससे ऐसा लगता है मानो पानी अपने आप 'दूध में बदल गया हो।'

अगर तुम चाहो तो इसे 'जादू' की भाँति भी पेश कर सकते हो। यदि ऐसा करना चाहते हो तो यह बेहतर होगा कि दोनों घोलों को परदे के पीछे दर्शकों की निगाहों से ओट में बनाओ और वहीं उन्हें आपस में मिलाकर 'साफ पानी' को ही दर्शकों के सामने पेश करो। इस 'साफ पानी' को पाँच मिनट तक बिना हिलाए-डुलाए रखने पर वह अपने आप 'दूध' में बदल जाएगा। □

लाल रंग तो था–पर गया कहाँ?

यह प्रयोग करने के लिए तुम्हें चाहिए केवल एक ग्राम कास्टिक सोडा, लगभग बीस मिलीलीटर तनु (डायल्यूट), गंधक का तेजाब और लगभग एक मिलीलीटर फिनोलफ्थैलिन घोल। पानी और काँच के गिलास तो हर घर में रहते ही हैं।

कास्टिक सोडा और गंधक का तेजाब क्षारक पदार्थ होते हैं। उन्हें हाथ से नहीं छूना चाहिए। उनके लिए काँच या स्टेनलेस स्टील के बरतन और चम्मचों का उपयोग करो।

फिनोलफ्थैलिन एक सूचक (इंडीकेटर) है। वह अल्कोहल में घुलनशील है। अल्कोहल में उसका एक प्रतिशत घोल (लगभग सौ मिलीलीटर अल्कोहल में एक ग्राम फिनोलफ्थैलिन) बनाया जाता है। यह घोल रंगहीन होता है। अम्लीय माध्यम में उसका रंग नहीं बदलता, परंतु क्षारीय माध्यम में उसका रंग लाल हो जाता है। तुम जानते हो कि कास्टिक सोडा क्षार—अल्कली—है।

पहले एक खाली गिलास लेकर उसमें एक चम्मच कास्टिक सोडे को कम-से-कम पानी में घोल लो। इस घोल में अँगुली नहीं डालना। ऐसा करने से अँगुली जल जाएगी। इस घोल की लगभग एक मिलीलीटर मात्रा दूसरे गिलास में डाल दो। यह मात्रा इतनी कम होगी कि दूर बैठे दर्शकों को गिलास खाली ही दिखेगा।

अब एक बड़े काँच के बरतन में लगभग तीन गिलास पानी भर लो। उसमें धीरे-धीरे, बूँद-बूँद करके गंधक का तेजाब मिला लो (हमेशा पानी में तेजाब डालो—तेजाब में पानी नहीं। तेजाब में पानी डालने से विस्फोट हो सकता है)। लकड़ी की एक डंडी से घोल को अच्छी तरह मिला लो। उसमें एक मिलीलीटर फिनोलफ्थैलिन घोल मिला दो। घोल के रंग में कोई फर्क नहीं आएगा।

तेजाब के इस घोल से एक अन्य काँच का गिलास भर लो। फिर उसे धीरे-धीरे उस गिलास में डालो जिसमें कास्टिक सोडा का घोल पहले ही डाला हुआ था। तेजाब के घोल को गिलास में डालते ही घोल का रंग लाल हो जाता है। अगर तुम गिलास में तेजाब का थोड़ा सा ही घोल डालते हो तब तो घोल का रंग लाल ही रहता है, पर ज्यादा घोल डालने पर वह रंगहीन हो जाता है। ऐसा क्यों?

जब तक तेजाब के घोल की मात्रा इतनी रहती है कि मिश्रण क्षारीय रहता है (कास्टिक सोडा प्रबल क्षार होता है) फिनोलफ्थैलिन का रंग लाल रहता है। पर जैसे-जैसे घोल में तेजाब की

मात्रा बढ़ती जाती है, कास्टिक सोडे का घोल उदासीन होता जाता है। पूरी तरह उदासीन हो जाने पर फिनोलफ्थैलिन रंगहीन हो जाता है।

इस प्रकार घोल का रंग लाल तो था, पर वह गायब हो गया।

उपर्युक्त प्रयोग को तुम निम्न तरीके से भी कर सकते हो। इस तरीके में तुम्हें इतनी अधिक सावधानियाँ बरतने की जरूरत नहीं है जितनी पिछले प्रयोग में बरतनी पड़ी थीं। इस प्रयोग में जिन वस्तुओं की जरूरत होती है, वे कास्टिक सोडा और गंधक के तेजाब जैसी क्षारक नहीं हैं। इस प्रयोग के लिए तुम्हें चाहिए धोवन सोडा (कपड़े धोने का सोडा), टारटरिक एसिड, फिनोलफ्थैलिन घोल, काँच का एक ऐसा बरतन जिसमें चार गिलास पानी आ जाए, काँच के चार गिलास और पानी।

पहले बरतन को पानी से भरकर उसमें लगभग दस ग्राम धोवन सोडा डाल लो। फिर एक गिलास में पानी लेकर उसमें टारटरिक एसिड का घोल बना लो।

अब चार खाली गिलासों को लेकर क्रम से रख लो। पहले गिलास में फिनोलफ्थैलिन घोल की पाँच बूँदें डाल दो, दूसरे गिलास में कुछ नहीं डालो। तीसरे गिलास में भी फिनोलफ्थैलिन की पाँच बूँदें डाल दो और चौथे गिलास में थोड़ा सा टारटरिक एसिड घोल डालो।

पहले गिलास में बरतन का घोल भर दो। वह लाल रंग का हो जाएगा। क्यों? क्योंकि धोवन सोडा क्षारीय पदार्थ है। दूसरे गिलास में घोल डालने पर उसका रंग नहीं बदलेगा। तीसरे गिलास में घोल का रंग लाल हो जाएगा, जबकि चौथे गिलास में वह रंगहीन रहेगा।

इस प्रयोग को फिर से करने के लिए चारों गिलासों को बरतन में खाली कर लो और गिलासों को फिर से भरो। अब सभी गिलासों के घोल रंगहीन होंगे। इसका कारण बताने की कोशिश करो। बरतन में सभी घोलों के मिल जाने पर वह क्षारीय नहीं रह पाता। वह उदासीन (न अम्लीय, न क्षारीय) हो जाता है। उदासीन घोल में फिनोलफ्थैलिन रंगहीन रहता है।

□

5

अदृश्य स्याहियाँ

अदृश्य स्याहियाँ ऐसी नहीं होतीं कि एकदम दिखें ही नहीं। आमतौर पर वे द्रव रूप में होती हैं और आरंभ में साफ पानी जैसी (रंगहीन) दिखाई देती हैं। उनसे किसी मुलायम सफेद कागज पर लिखे अक्षर सूखने पर अदृश्य हो जाते हैं, दिखाई नहीं देते। परंतु कागज को हलका सा गरम करने पर (ध्यान रहे कि वह जले नहीं) या उसे गीला करने पर अथवा उसपर कोई रासायनिक पदार्थ छिड़कने से लिखावट फिर दिखाई देने लग जाती है। वह दिखने लगती है। ऐसा भी हो सकता है कि वह स्थायी रूप से सादृश्य हो जाए अथवा केवल कुछ समय के लिए ही रहे।

यहाँ एक और बात याद रखना जरूरी है। इन स्याहियों को बनाने के लिए उन पदार्थों को, जिनसे ये स्याहियाँ बनाई जाती हैं, घोलने के लिए आसुत जल (डिस्टिल्ड वाटर) का ही इस्तेमाल करें।

आसुत जल केमिस्ट की दुकानों पर मिल जाता है। ये स्याहियाँ लाल, नीली, पीली आदि अनेक रंगों की हो सकती हैं। ऐसा भी हो सकता है कि तुम स्वयं भी अन्य रंगों की ऐसी स्याहियाँ बनाने की विधियाँ सुझा सको।

लाल स्याही

(क) केमिस्ट की दुकान से दस ग्राम कॉपर नाइट्रेट ले आओ। उसे सौ मिलीलीटर आसुत जल में घोल लो। इस घोल से सफेद मुलायम कागज पर कुछ लिख लो। लिखावट को सूखने दो। सूखने पर वह दिखाई नहीं देगी। पर कागज को हलका सा गरम करने पर लाल रंग की लिखावट साफ दिखने लगती है।

(ख) फिनोलफ्थैलिन के बारे में तुम पढ़ चुके हो। अल्कोहल में उसका तेज (सांद्र) घोल बना लो। तुम्हें मालूम है, वह रंगहीन होता है। उससे सफेद कागज पर लिखे गए अक्षर सूखने

पर दिखाई नहीं देते। परंतु उस कागज को अमोनिया की वाष्प में रखने पर फिनोलफ्थैलिन का रंग लाल हो जाएगा। पर यह रंग थोड़ी देर तक ही रहेगा। कागज के सूखने पर फिर उड़ जाएगा।

नीली स्याही

(क) पाँच ग्राम कोबाल्ट क्लोराइड को सौ मिलीलीटर आसुत जल में घोल लो। उस घोल से सफेद मुलायम कागज पर लिखो। सूखने पर लिखावट अदृश्य हो जाती है। कागज को हलका सा गरम करने पर नीले रंग की लिखावट उभर आती है। परंतु जैसे ही कागज

ठंडा होता है, वह फिर अदृश्य हो जाती है।

(ख) अगर कागज पर कोबाल्ट क्लोराइड की जगह कोबाल्ट नाइट्रेट के घोल से लिखो तब भी लिखावट सूखने पर अदृश्य हो जाएगी, परंतु आक्सेलिक एसिड के घोल में रुई भिगोकर उसपर फेरने से नीले रंग की लिखावट उभर आएगी।

(ग) नीला थोथा (कॉपर सल्फेट) के रवे हलके नीले रंग के होते हैं, पर उनको पीसने से बना चूर्ण कुछ दिनों के बाद सफेद हो जाता है। मजेदार बात यह है कि इस चूर्ण को पानी में घोलने पर घोल का रंग नीला ही होता है। यदि उससे सफेद कागज पर लिखा जाता है, तब सूखने पर लिखावट दिखाई नहीं देती। पर लिखावट के ऊपर फैरस क्लोराइड के घोल में भीगी रुई के फाहे को फेरने से नीले रंग की लिखावट उभर आती है।

कत्थई स्याही

(क) हलके सिरके से की गई लिखावट सूखने पर दिखाई नहीं देती। पर कागज को हलका सा गरम करने पर कत्थई रंग की लिखावट उभर आती है।

(ख) नींबू के ऐसे रस से, जिसमें थोड़ा सा सिट्रिक एसिड मिला दिया गया हो, सफेद कागज पर की गई लिखावट को हलका सा गरम कर लो। इससे कत्थई रंग की लिखावट उभर आएगी, पर कागज के ठंडे होने पर अदृश्य हो जाएगी। यदि तुमने कागज को ज्यादा गरम कर दिया तब इसके ठंडे होने पर भी लिखावट अदृश्य नहीं होगी।

पीली स्याही

(क) नीले थोथे और नौसादर (अमोनियम क्लोराइड) की बराबर मात्राएँ लेकर उन्हें पानी में घोल लो। उस घोल से सफेद कागज पर लिखे गए अक्षर घोल के सूखने पर अदृश्य हो जाते हैं। पर कागज को हलका सा गरम करने पर वे पीले रंग के दिखाई देने लगते हैं।

(ख) पोटैशियम ब्रोमाइड के जलीय घोल से लिखे गए अक्षर भी सूखने पर दिखाई नहीं देते; परंतु उनपर नीले थोथे के जलीय घोल में भिगोया हुआ रुई का फाहा फेर देने से वे पीले रंग में उभर आते हैं।

हरी स्याही

(क) सोडियम क्लोरेट के जलीय घोल से सफेद कागज पर अक्षर लिख लो। सूखने पर वे अदृश्य हो जाते हैं। उनपर नीले थोथे के घोल में भीगी रुई को फेरने से वे हरे रंग में उभर आते हैं।

(ख) यदि उस कागज को, जिसपर निकिल क्लोराइड के हलके (तनु) जलीय घोल से अक्षर लिखे गए हैं, हलका सा गरम कर दो तब हरे रंग के अक्षर उभर आते हैं। □

6

चित्र दिखे और न भी दिखे

तुम एक ऐसा चित्र बना सकते हो जो तुम्हारी इच्छानुसार तुम्हारे दोस्तों को दिखे और फिर गायब हो जाए। विचित्र बात यह है कि वह चित्र कितनी ही बार दृश्य से अदृश्य हो सकता है और अदृश्य से दृश्य बन सकता है।

ऐसा चित्र बनाने के लिए तुम्हें चाहिए थोड़ा सा कोबाल्ट क्लोराइड, एक मुलायम ब्रश और सफेद कागज। पानी तो हर घर में रहता ही है। पहले थोड़ा सा कोबाल्ट क्लोराइड पानी में घोल लो। उस घोल से, ब्रश की मदद से, कागज पर मनचाहा चित्र बना लो। जब तक कागज गीला रहेगा, चित्र नहीं दिखेगा। वह गायब रहेगा। परंतु कागज को हलका सा गरम करने पर अथवा कागज के पूरी तरह सूखने और गरम हो जाने पर चित्र नीले रंग में उभर आता है।

कागज के ठंडे हो जाने पर उसपर एक-दो मिनट के लिए अपनी साँस से फूँक मारते रहो। इस दौरान तुम कभी-कभी मंत्र जैसा कुछ जप सकते हो (तुम जानते हो कि इस 'मंत्र' का कोई अर्थ नहीं होता)। ऐसा करने से चित्र फिर गायब हो जाएगा।

इस प्रकार तुम चाहे कितनी भी बार चित्र को 'दृश्य' बना सकते हो और कितनी ही बार गायब (अदृश्य) कर सकते हो।

तुम समझ ही गए होगे कि जब कोबाल्ट क्लोराइड सूखा होता है तब उसका रंग नीला होता है, पर गीला हो जाने पर उसका रंग उड़ जाता है। वह रंगहीन हो जाता है।

उपर्युक्त 'जादू' को तुम दूसरे तरीके से भी दिखा सकते हो। इसके लिए पानी में थोड़ा सा कोबाल्ट क्लोराइड घोल लो। उस घोल में अपना सफेद रूमाल भिगो लो। रूमाल सफेद ही रहेगा। पर हीटर पर सुखाने से उसका रंग नीला हो जाएगा।

अब अपने हाथ गीले करके नीले रूमाल को अपने हाथों के बीच रगड़ो और लोगों को दिखाने के लिए कुछ 'मंत्र' बड़बड़ाते रहो और थोड़ी-थोड़ी देर बाद रूमाल पर फूँक भी मारते रहो।

रूमाल के गीला हो जाने पर वह फिर से सफेद हो जाएगा। तुम रूमाल को कितनी भी बार सफेद और नीला कर सकते हो।

□

दो द्रव मिलाओ : ठोस बन जाए

जब तुम किसी द्रव में दूसरा द्रव मिलाते हो तब आमतौर पर उनका मिश्रण भी द्रव ही रहता है—ठोस नहीं बनता। पर हम तुम्हें दो ऐसे द्रवों के बारे में बताएँगे जिनको आपस में मिलाने का परिणाम होता है एक ठोस पदार्थ का निर्माण।

यदि तुम चाहो तो अपने दोस्तों से कह सकते हो कि दो गिलासों में भरे जल को आपस में मिलाकर तुम बर्फ बना सकते हो। वैसे गिलासों में जल के स्थान पर दो अलग-अलग रासायनिक पदार्थों के घोल होते हैं और उनके मिलाने से बननेवाला ठोस पदार्थ भी बर्फ नहीं होता।

इस प्रयोग को करने के लिए तुम्हें चाहिए दो रासायनिक पदार्थ, तीन गिलास और पानी। ये दो रासायनिक पदार्थ हैं—सोडियम बाइसल्फेट और सोडियम सिलिकेट। पहले इन दोनों पदार्थों के पानी में अलग-अलग संतृप्त घोल बना लो, फिर तीसरे गिलास में दोनों संतृप्त घोलों की बराबर मात्राएँ मिला दो।

ऐसा करने पर तुम देखोगे कि मिश्रण—दोनों घोलों के मिलाने से बना घोल—धीरे-धीरे जमने लगता है। पहले मिश्रण की ऊपरी सतह ठोस बनती है, फिर पूरा मिश्रण ही जमकर पारदर्शी बर्फ जैसा ठोस बन जाता है।

□

8

गिलास के ऊपर गिलास रखो : धुआँ उठे

गिलासों को धोने के बाद अकसर हम उन्हें एक-दूसरे के अंदर घुसाकर रख देते हैं, परंतु यहाँ उन्हें एक-दूसरे के अंदर नहीं रखना है। तुम्हें तो एक गिलास के ऊपर दूसरा गिलास उलटा करके रखना है, जिससे दोनों गिलासों के मुँह एक-दूसरे के ऊपर रहें।

हमारा सुझाव है कि इस प्रयोग को करने से पहले अपने साथियों अर्थात् दर्शकों को भ्रम में डालना बेहतर होगा। इससे उन्हें प्रयोग देखने में अधिक मजा आएगा। इसलिए इसमें तुम्हें एक ऐसा काम करना होगा जो प्रयोग का अंश नहीं है। इस प्रयोग को करने के लिए तुम्हें काँच के दो गिलास तो चाहिए ही, साथ ही चाहिए नमक के तेजाब (हाइड्रोक्लोरिक एसिड) की कुछ बूँदें और थोड़ा सा लिकर अमोनिया (अमोनिया गैस का पानी में घोल-अमोनियम हाइड्रॉक्साइड)। दर्शकों को भ्रम में डालने के लिए एक तौलिया, एक माचिस और रद्दी कागज का एक टुकड़ा भी ले लो।

पहले एक गिलास में अमोनिया का घोल डालकर, तौलिए से ढककर उसे एक ओर रख दो। लिकर अमोनिया रंगहीन होता है। अगर दर्शक उसे देख भी लें तब भी वे इस भ्रम में रहेंगे कि वह पानी है। दूसरे गिलास में तेजाब की कुछ बूँदें डालकर उसे अलग रख दो। अब दर्शकों को भ्रम में डालने के लिए कागज के टुकड़े को जला दो। इससे धुआँ पैदा होगा। फिर जल्दी से तौलिए को उठाकर दूसरे गिलास को उलटा करके पहले गिलास पर रख दो और तौलिए को दोनों गिलासों पर ढक दो। (इस काम में यह सावधानी बरतनी बहुत जरूरी है कि तेजाब की बूँदें तुम्हारे किसी अंग अथवा कपड़े पर न गिरें। अगर ऐसा हो जाता है तब प्रयोग को बीच में ही छोड़कर उस अंग/कपड़े को नल के नीचे लाकर पानी खोल दो और पाँच-सात मिनट तक उसपर पानी पड़ता रहने दो। इससे तेजाब पानी में पूरी तरह घुलकर अंग/ कपड़े से अलग हो जाएगा)।

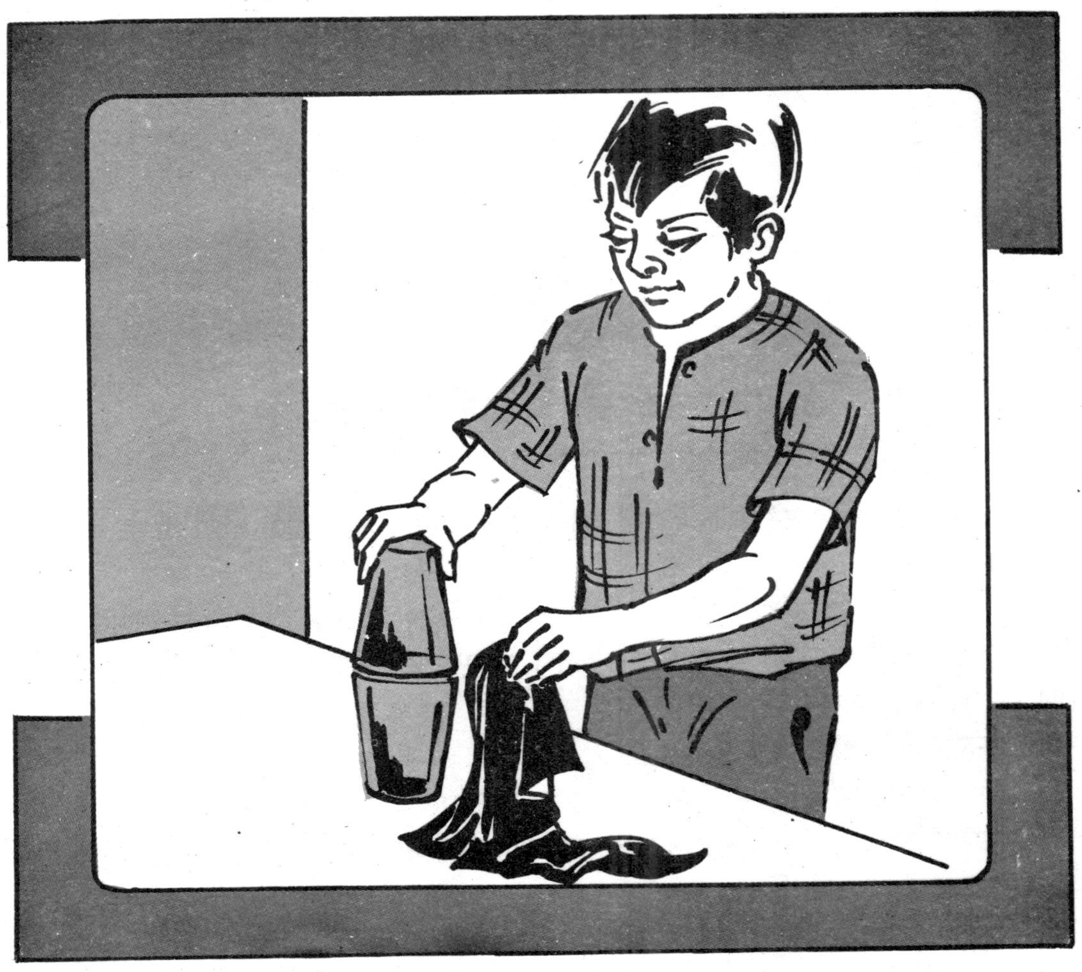

इसके लगभग आधा मिनट बाद तौलिया हटा दो। दोनों गिलास धुएँ से भरे दिखेंगे। तुम दर्शकों से कह सकते हो—कागज के जलाने से उत्पन्न धुआँ काँच को पार करके गिलासों में घुस गया है। परंतु तुम और वे लोग, जिन्हें तेजाब और अमोनिया के गुणों का ज्ञान है, जानते हैं कि गिलासों में भरा धुआँ तेजाब और अमोनिया के आपस में क्रिया करने के फलस्वरूप उत्पन्न हुआ है। वह अमोनियम क्लोराइड के सूक्ष्म कणों के हवा में तैरने के कारण पैदा हुआ है।

जैसाकि तुम ऊपर पढ़ चुके हो कि कागज को जलाना प्रयोग का भाग नहीं है। ऐसा केवल दर्शकों को भ्रम में डालने के लिए ही किया जाता है। □

अँगुली डुबाओ : पानी रंग बदले

इस प्रयोग को करने के लिए तुम्हें चाहिए टिंक्चर ऑफ आयोडीन, थोड़ा सा स्टार्च, पानी और एक गिलास।

टिंक्चर आयोडीन का उपयोग चोट, विशेष रूप से उस चोट पर जिसमें खून निकल आया हो, पर लगाने के लिए किया जाता है। इसे लगाने पर एक बार चोट में दर्द होता है। पर वह दर्द क्षण भर के लिए, जितनी देर टिंक्चर सूखती नहीं, होता है। पर इससे चोट पर संक्रमण होने का खतरा समाप्त हो जाता है।

यह किसी भी दवाई की दुकान पर आसानी से मिल जाती है।

इसमें आयोडीन अल्कोहल में घुली होती है। (वैसे ओषधिनिर्माता किसी ओषधीय पदार्थ के अल्कोहल में घोल को टिंक्चर कहते हैं।)

प्रयोग करने के लिए गिलास में पानी भरकर उसमें टिंक्चर आयोडीन की दो-चार बूँदें डाल दो। इससे पानी का रंग बहुत हलका कत्थई होगा।

अब लगभग एक ग्राम स्टार्च में थोड़ा सा पानी मिलाकर उसका पेस्ट बना लो। इस पेस्ट को अँगुली पर लगाकर अँगुली को पानी में डुबो दो। ऐसा करते ही तुम देखते हो कि पानी का रंग बदलकर नीला-काला हो जाता है।

यह रंग आयोडीन और स्टार्च के आपस में क्रिया करने के फलस्वरूप बनता है। रसायन-शास्त्री इसका उपयोग स्टार्च की उपस्थिति ज्ञात करने के लिए करते हैं।

□

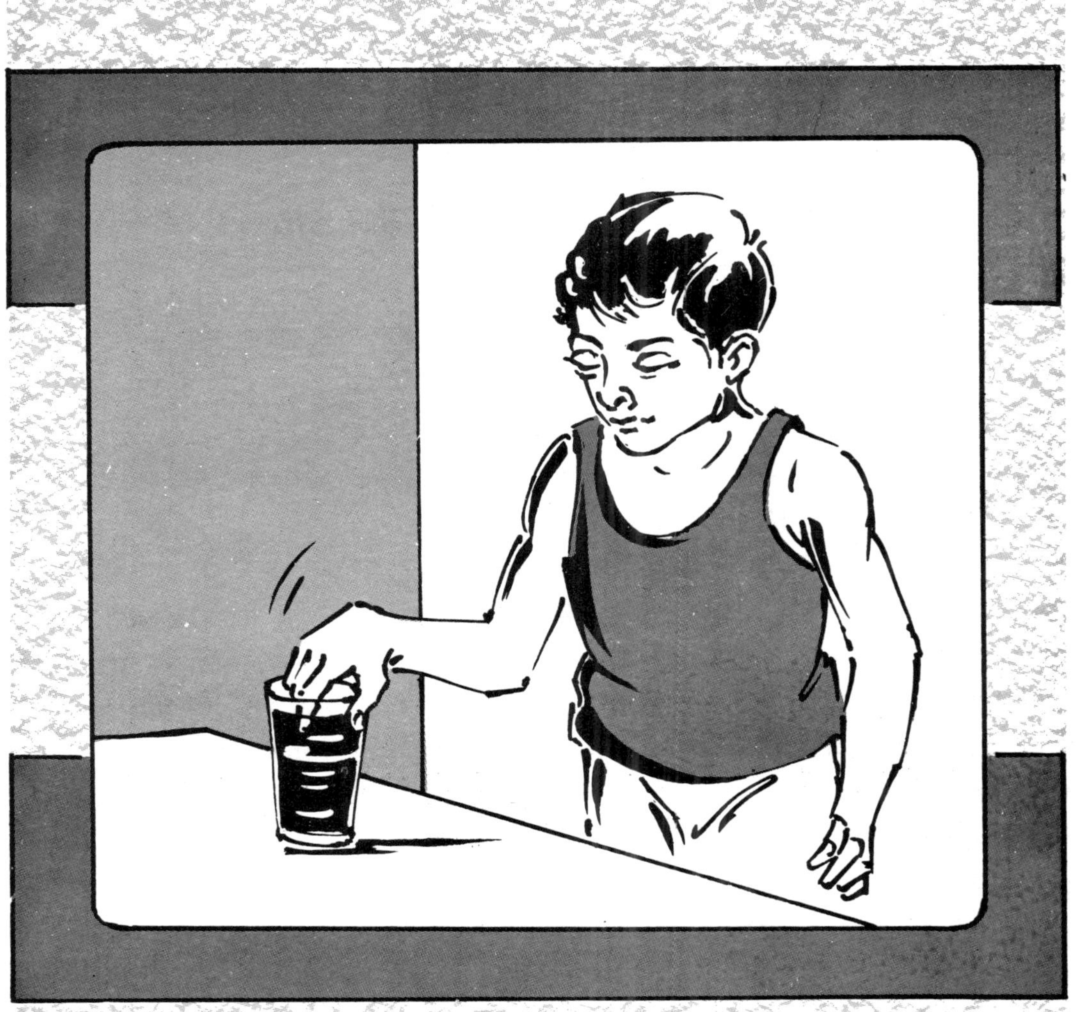

10

फूँक मारो : पानी 'दूध' बन जाए

पानी को 'दूध' में (दूध जैसे दिखनेवाले द्रव में) बदलने के बारे में एक प्रयोग तुम पढ़ चुके हो। अब हम ऐसा करने के लिए एक अन्य प्रयोग बताएँगे। यदि तुम चाहो तो इस प्रयोग को भी 'जादू' के रूप में अपने साथियों के सामने प्रस्तुत कर सकते हो।

इसके लिए तुम्हें चाहिए कोका कोला या इसी प्रकार के किसी अन्य पेय की दो खाली बोतलें, दो स्ट्रा और चूने का पानी।

चूने का पानी कैल्शियम हाइड्रॉक्साइड होता है। यह 'लाइम वाटर' के नाम से रसायन विक्रेता की दुकान से मिल सकता है। अगर तुम चाहो तो इसे अपने घर में ही आसानी से बना सकते हो। इसके लिए चूना बेचनेवाली किसी दुकान से चूने का एक बड़ा टुकड़ा ले आओ। उसे चौड़े मुँहवाले गहरे बरतन में रखकर उसपर इतना पानी डालो कि वह पूरी तरह ढक जाए। पर पानी डालते समय तुम्हें यह सावधानी बरतनी होगी कि अपना मुँह तथा अन्य अंग बरतन से दूर रखो, क्योंकि पानी के संपर्क में आते ही चूने के टुकड़े में से भाप निकलने लगती है और वह 'सें-सें' की आवाज करता हुआ बिखरने लगता है। दरअसल पानी के संपर्क में आने पर चूने में ऐसी रासायनिक क्रिया होने लगती है जिससे काफी गरमी उत्पन्न होती है। इस गरमी के कारण ही पानी गरम होकर भाप बनने लगता है।

चूने के टुकड़े के पानी से पूरी तरह ढक जाने के बाद वह धीरे-धीरे बिखरकर लगभग चूरा हो जाता है। लगभग दो घंटे बाद चूने का घोल ठंडा हो जाता है। चूने के टुकड़े के कुछ अंश (जो वास्तव में अपद्रव्य होते हैं) बरतन की तली में बैठ जाते हैं और ऊपर रंगहीन पानी आ जाता है। यह रंगहीन पानी ही कैल्शियम हाइड्रॉक्साइड (चूने का पानी) होता है। इसे किसी चम्मच

आदि से, बरतन को बिना हिलाए, निकाला जा सकता है।

अब तुम एक बोतल में सादा पानी भर लो और दूसरी बोतल में चूने का पानी। चूने का पानी दिखने में पानी जैसा रंगहीन ही होता है, इसलिए तुम इसे भी 'पानी' ही बता सकते हो।

दोनों बोतलों में स्ट्रा डालकर सादे पानीवाली बोतल को अपने किसी दोस्त को दे दो और चूने के पानी से भरी बोतल स्वयं ले लो। फिर अपने दोस्त से स्ट्रा में से कई बार जोर से फूँक मारने के लिए कहो और खुद भी इसी प्रकार अपनी बोतल में फूँक मारते जाओ। कई बार लंबी-लंबी फूँकें मारने पर भी तुम्हारे दोस्त की बोतल के पानी का रंग नहीं बदलेगा; जबकि तुम्हारे

बोतल में भरा पानी 'दूध' में बदल जाएगा।

तुम जानते हो कि ऐसा एक रासायनिक क्रिया के कारण होता है। फूँक के रूप में जो हवा तुम शरीर से बाहर निकालते हो उसमें लगभग चार प्रतिशत कार्बन डाइऑक्साइड होती है। यह कार्बन डाइऑक्साइड जब कैल्शियम हाइड्रॉक्साइड से क्रिया करती है तब वह कैल्शियम कार्बोनेट में बदल जाता है। कैल्शियम कार्बोनेट सफेद रंग का पदार्थ होता है, जो पानी में नहीं घुलता। इसलिए बारीक कणों के रूप में पानी में छितरा जाता है और 'दूध' का भ्रम पैदा करता है। □

11

गरम करो : लिखावट उभर आए

अनेक बार तुम्हें अपनी पहचान के किसी व्यक्ति के पास गुप्त संदेश भेजना होता है। उस समय तुम निश्चय ही यह चाहते हो कि संदेश ले जानेवाला व्यक्ति उसे न पढ़ सके, पर वह व्यक्ति उसे अवश्य पढ़ सके जिसको वह भेजा जा रहा हो। इसलिए आमतौर पर संदेश कूट भाषा में, जिसको केवल दो ही व्यक्ति—भेजनेवाला और जिसको वह भेजा जा रहा है—समझ पाएँ, भेजा जाता है। यदि संदेश बार-बार भेजने होते हैं, तब कूटभाषा को भी बदलते रहना पड़ता है।

वैसे गुप्त संदेश को भेजने का एक और तरीका है। उसे इस प्रकार लिखना कि उसे केवल विशेष उपचार के बाद ही पढ़ा जा सके। पढ़नेवाला व्यक्ति यह जानता हो कि 'कोरे' दिखनेवाले कागज पर कुछ विशेष संदेश लिखा हुआ है और उस संदेश को विशेष उपचार के बाद ही 'दृश्य' बनाया जा सकता है। इस प्रकार लिखने के अनेक तरीके हैं, जिससे कागज के सूख जाने पर लिखाई दिखाई नहीं देती, परंतु कागज को गरम करने पर पुन: दिखने लगती है। ऐसा एक तरीका हम तुम्हें बता रहे हैं।

इसके लिए तुम्हें चाहिए एक सफेद कागज, थोड़ा सा दूध, एक मोमबत्ती, माचिस और लिखने के लिए लकड़ी की एक पतली नुकीली तीली।

दूध में लकड़ी की तीली को डुबोकर उससे कागज पर कोई संदेश लिख दो। उसे लिखते समय यह ध्यान रखो कि तुम सफेद वस्तु (दूध) से सफेद कागज पर लिख रहे हो। इसलिए लिखते समय भी अक्षर कठिनाई से ही पढ़े जाएँगे। फिर कागज को सूखने दो। ऐसा होने पर लिखावट एकदम अदृश्य हो जाएगी।

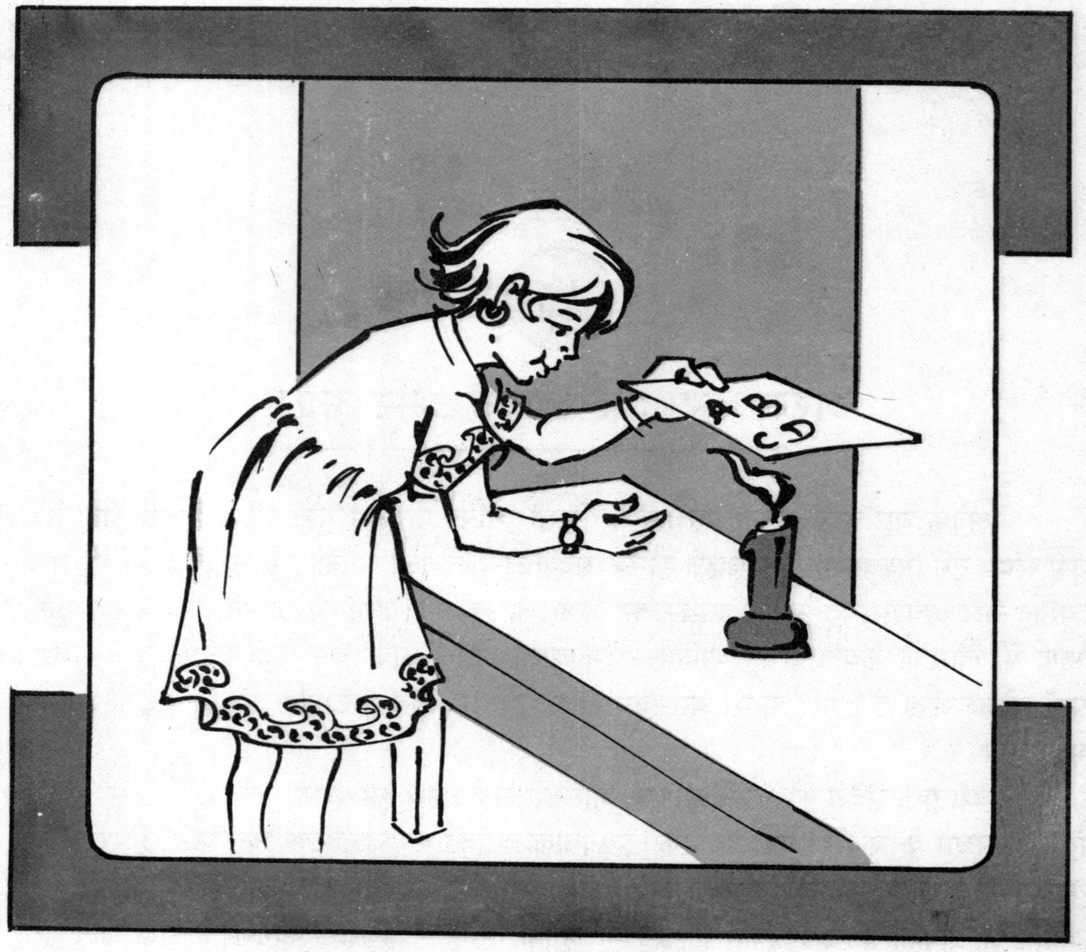

अब मोमबत्ती जलाकर उसकी लौ पर कागज को जल्दी-जल्दी फेरो। ऐसा करते समय यह सावधानी बरतना बहुत जरूरी है कि कागज जलने न पाए। गरम करने पर दूध झुलस जाएगा, जिससे संदेश भी स्पष्ट रूप से उभर आएगा और पठनीय हो जाएगा।

अगर तुम चाहो तो इस प्रयोग में दूध के स्थान पर नींबू का रस भी इस्तेमाल कर सकते हो।

□

12

नीले थोथे का बड़ा क्रिस्टल बनाना

नीले थोथे का रासायनिक नाम है कॉपर सल्फेट। वह नीले रंग का क्रिस्टलीय पदार्थ है, जिसका उपयोग पहले घरों में दीवारों पर कीटनाशी रोगन करने के लिए भी किया जाता था। उसे पानी में घोलकर सफेदी (चूने के छितरावन) में मिला दिया जाता था। वैसे उसका उपयोग अनेक रासायनिक क्रियाओं में तथा इलेक्ट्रोप्लेटिंग आदि में किया जाता है।

नीला थोथा घनाकार क्रिस्टल बनाता है। ये क्रिस्टल बड़े सुंदर होते हैं। कभी-कभी उसका एक ऐसा क्रिस्टल बनाना जरूरी हो जाता है जो असाधारण रूप से बड़ा हो।

इसके लिए नीले थोथे के चूर्ण के अतिरिक्त एक परखनली, पानी को गरम करने की व्यवस्था, काँच की दो डिश, फिल्टर पेपर, गंधक के तेजाब (सल्फ्यूरिक एसिड) की कुछ बूँदें और एक लंबा बाल चाहिए। नीले थोथे के चूर्ण का रंग क्रिस्टलीकरण जल के वाष्पित हो जाने के कारण सफेद हो जाता है।

पहले परखनली में थोड़ा सा गरम पानी ले लो। परखनली को उबलते पानी में रखकर उसमें नीले थोथे का थोड़ा सा चूर्ण डाल दो। वह गरम पानी में आसानी से घुल जाएगा। ऐसा हो जाने पर परखनली में और नीला थोथा डालो। उसे घुल जाने दो। फिर थोड़ा चूर्ण डालो।

ऐसा उस समय तक करते रहो जब तक नीले थोथे का संतृप्त घोल न बन जाए।

संतृप्त घोल बन जाने के बाद उसमें गंधक के तेजाब की कुछ बूँदें डाल दो। फिर घोल को फिल्टर पेपर में से एक डिश में छान लो और घोल को बिना हिलाए वाष्पित होने दो।

धीरे-धीरे घोल में क्रिस्टल बनने लगेंगे। उनमें से एक बड़ा क्रिस्टल लेकर उसे बाल से बाँध लो और दूसरी डिश में थोड़ा सा संतृप्त घोल लेकर उसमें इस क्रिस्टल को लटका दो और

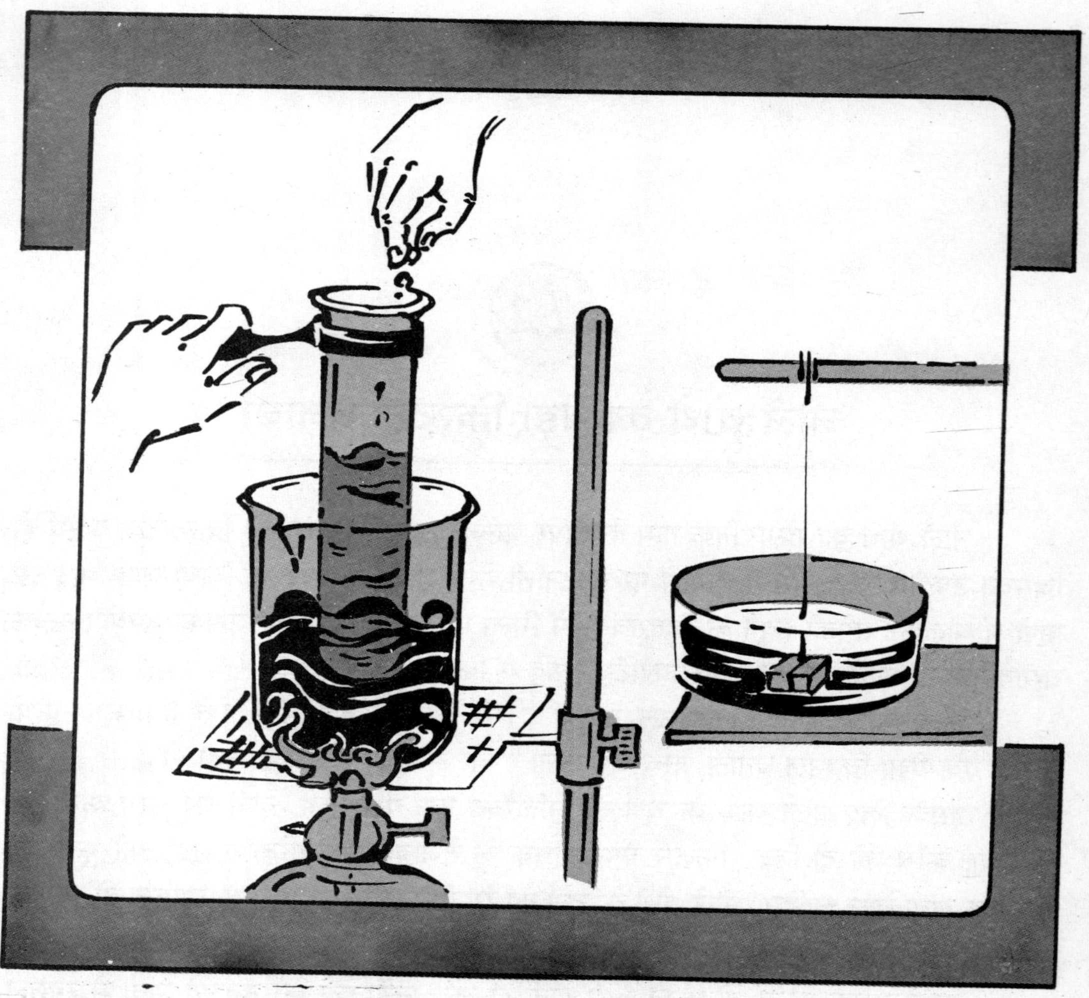

लगभग एक सप्ताह तक लटके रहने दो।

ऐसा करने से नीला थोथे का बहुत बड़ा क्रिस्टल बन जाएगा। □

13

दूध को पाश्चुरीकृत करना

जिस प्रकार दिल्ली शहर के अधिकांश लोग दिल्ली दुग्ध योजना/मदर डेयरी का दूध लेते हैं वैसे ही अन्य शहरों के भी अधिकांश निवासी बड़ी डेयरियों से दूध लेते हैं। इन सब डेयरियों के दूध में एक बात समान होती है—वह पाश्चुरीकृत (पाश्चुराइज्ड) होता है। बहुत से बच्चे यह नहीं समझ पाते कि पाश्चुरीकरण (पाश्चुराइजेशन) क्या होता है और उससे दूध में कौन से गुण आ जाते हैं।

पाश्चुरीकरण एक ऐसा उपचार है जिससे दूध अपेक्षाकृत काफी अधिक समय तक रखे रहने पर भी फटता नहीं है। उसमें वे बैक्टीरिया नहीं पनप पाते जो दूध को फाड़ देते हैं। तुम्हें मालूम है कि गाय/भैंस के दूध को यदि गरमी के दिनों में दो घंटे भी कच्चा (बिना उबाले) रहने दिया जाता है तब वह फट जाता है। सर्दियों में वह चार-पाँच घंटों तक बिना फटे रह जाता है; पर उसके बाद नहीं। पाश्चुरीकरण एक ऐसा उपचार है जिसे तुम भी आसानी से कर सकते हो। इस उपचार के दो तरीके हैं—वाट तरीका और फ्लैश तरीका। इसमें फ्लैश तरीके में समय कम लगता है, पर उसके लिए विशेष उपकरण की आवश्यकता होती है। उसमें एक विशेष उपकरण में दूध को केवल बीस सेकेंड के लिए 62° सै. ताप पर रखा जाता है और फिर बहते हुए शीतल जल में ठंडा कर लिया जाता है।

तुम वाट तरीके से भी दूध को पाश्चुरीकृत कर सकते हो। इसके लिए तुम्हें कच्चे दूध के अतिरिक्त दो बरतन, गरम करने की व्यवस्था, एक थर्मामीटर (जिसमें 0 से 100° सै. तक निशान लगे हों) और बहता हुआ शीतल जल चाहिए।

दोनों बरतनों में दूध की बराबर मात्रा डाल लो। एक बरतन को अलग रख दो। दूसरे

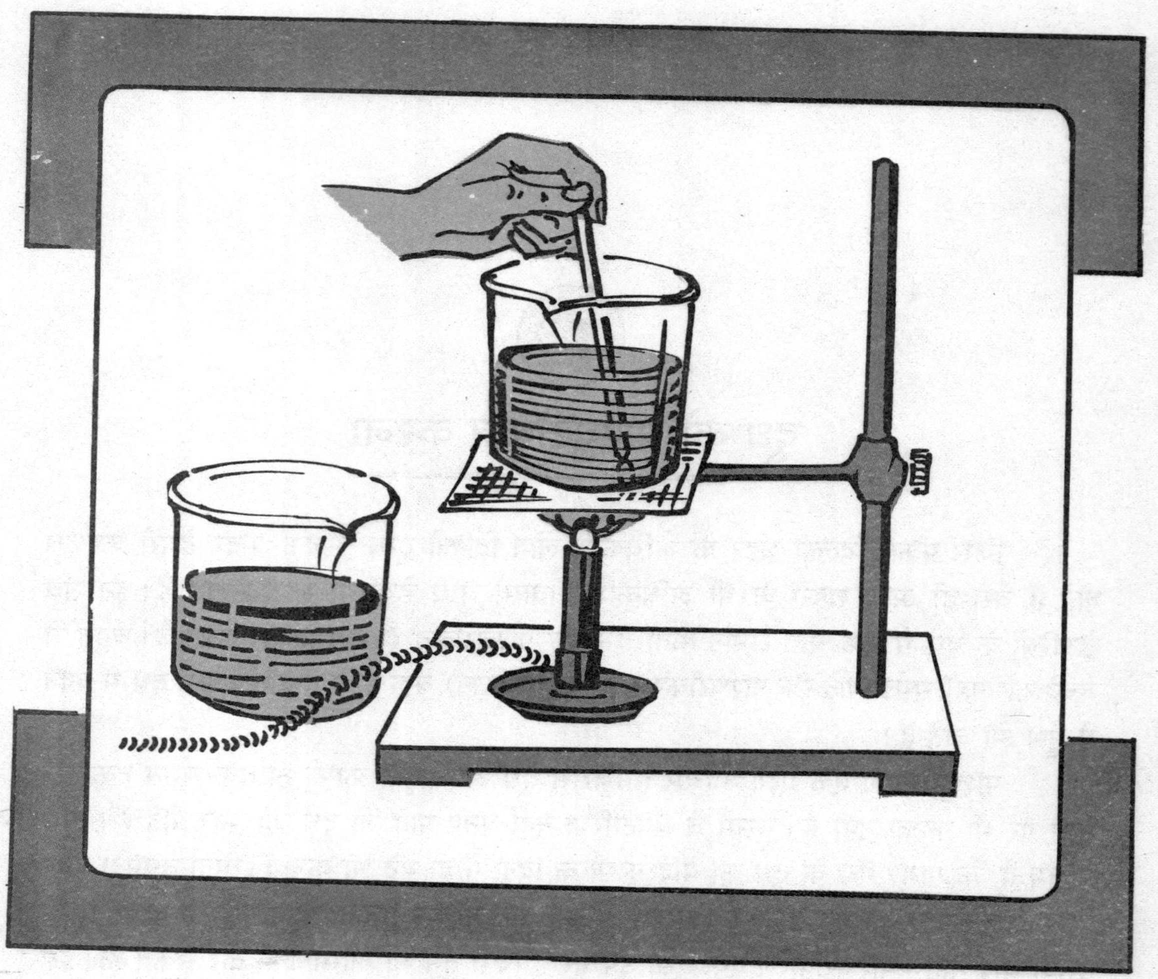

बरतन को गैस के चूल्हे पर गरम करो। उसमें थर्मामीटर डुबोकर दूध का ताप लेते रहो। जब ताप 62° सै. पर पहुँच जाए तो गैस को धीमी कर दो। जैसे ही ताप नीचे गिरने लगे, गैस फिर तेज कर दो। इस प्रकार दूध को तीस मिनट तक लगभग 62° सै. ताप पर ही बनाए रखो। फिर बरतन को उतारकर उसे बहते हुए शीतल जल में ठंडा करो। ऐसा करते समय यह सावधानी बरतनी जरूरी है कि दूध में पात्र के बाहर बहते पानी की कोई बूँद न चली जाए। लो, हो गया दूध का पाश्चुरीकरण।

लगभग चार घंटे बाद दोनों बरतनों में दूध को देखो। पाश्चुरीकृत दूध सही–सलामत मिलेगा, जबकि दूसरे बरतन में रखा दूध फटा होगा। □

14

घर में बादल बनाना

ऊँचे पहाड़ों पर रहनेवाले लोग बताते हैं कि वर्षा ऋतु में बादल अकसर उनके घरों में घुस आते हैं। ऐसा होने का कारण यह है कि समुद्र तल से उनके घरों की ऊँचाई लगभग उतनी ही होती है जिस ऊँचाई पर बादल स्थित होते हैं।

मैदानों के निवासी बादलों को अपने घरों में तो नहीं घुसा सकते, पर एक प्रयोग अवश्य कर सकते हैं जिससे बोतल के अंदर ऐसा दृश्य उपस्थित हो जाए मानो उसके अंदर बादल बन गए हों।

इसके लिए तुम्हें चाहिए चौड़े मुँह की काँच की एक बोतल, एक कॉर्क जो बोतल के मुँह पर आसानी से पर टाइट फिट हो सके, काँच की नली, चॉक पाउडर, अल्कोहल और पानी।

कॉर्क के बीच में एक छेद कर लो। उस छेद में से काँच की नली को इस प्रकार निकालो कि उसका आधा भाग कॉर्क के ऊपर रहे और आधा नीचे।

फिर पानी में थोड़ा सा अल्कोहल मिलाकर बोतल में भलीभाँति खंगाल लो और पानी को गिरा दो। इससे बोतल की अंदरूनी सतह गीली भर रहेगी।

इसके बाद बोतल में थोड़ा चॉक पाउडर डाल दो और कॉर्क को नली सहित बोतल के मुँह पर लगा दो। अब नली के ऊपरी सिरे पर अपना मुँह रखकर जोर से फूँक मारो। इससे चॉक के कण बोतल के अंदर फैल जाएँगे और उसके अंदर की वायु संपीडित हो जाएगी। फिर फूँक मारना एकाएक बंद कर दो और नली में से लगभग उतनी ही जोर से वायु अंदर खींचने लगो।

इससे बोतल के अंदर की वायु फैल जाएगी और चॉक के कण उसी तरह छितरा जाएँगे

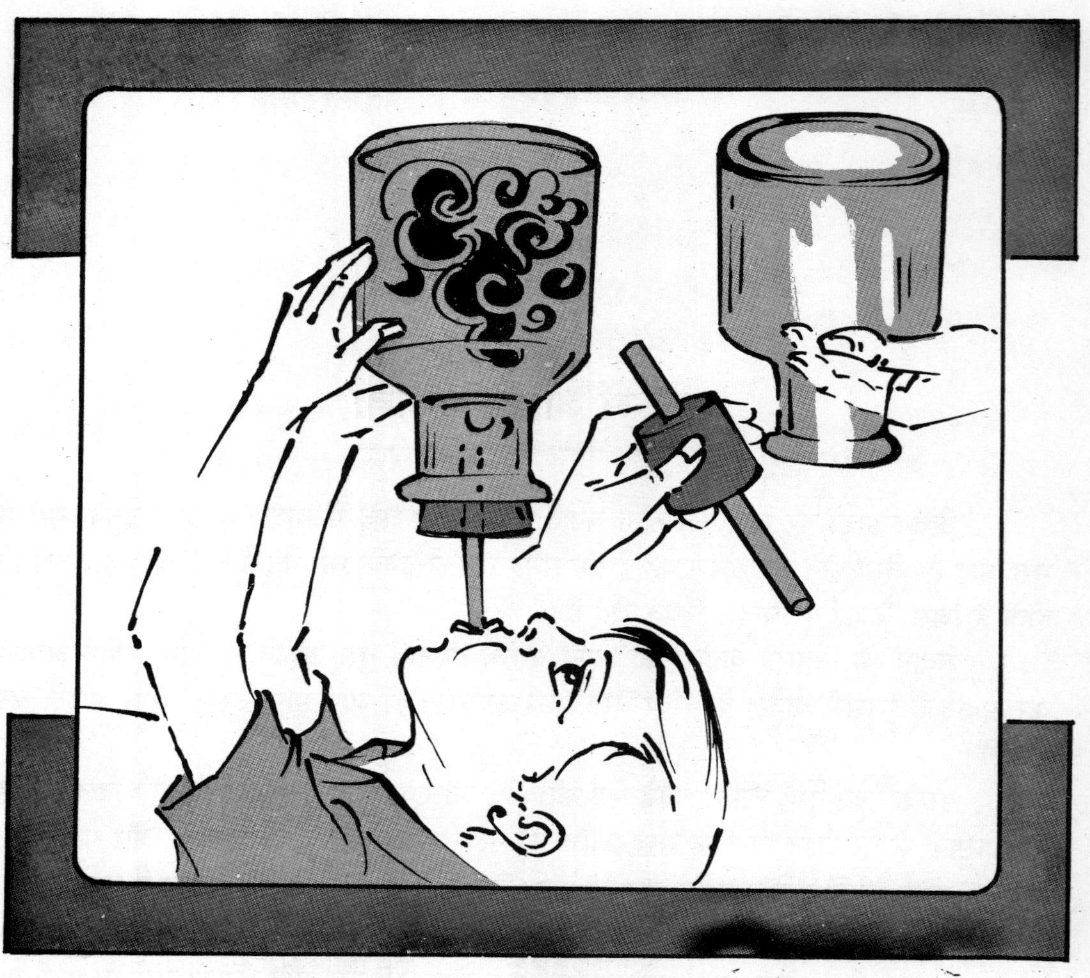

जैसे बादलों में पानी की अत्यंत सूक्ष्म बुंदिकाएँ हवा में छितराई रहती हैं।

लो, बन गए बोतल में बादल।

जीवनदायिनी वायु

वायु हमें बहुत आसानी से उपलब्ध हो जाती है। इसलिए आमतौर पर हम उसे उचित महत्त्व नहीं देते। पर जब वह हमें नहीं मिल पाती तब हमें महसूस होता है कि उसके बिना तो हम जीवित भी नहीं रह सकते। यह बात एकदम सही है कि लगातार कुछ क्षण तक वायु न मिल पाने से हमारे प्राण भी निकल सकते हैं।

वायु के रंगहीन होने के कारण हम उसे देख नहीं पाते, पर उसकी उपस्थिति महसूस करते हैं—और जब वह जोर से बहने लगती है तब हम उसकी चपेट से बचना भी चाहते हैं। वह हमेशा ही हमारे चारों ओर मौजूद रहती है और यहाँ तक कि हमारे शरीर में भी मौजूद रहती है, पर हमें उसका भार महसूस नहीं होता। वास्तव में, वह हमारे शरीर पर सदैव ही 1.05 कि.ग्रा. प्रति वर्ग से.मी. की दर से वजन डालती रहती है। इस हिसाब से हमारे शरीर पर वायु का लगभग 8545 कि.ग्रा. भार हमेशा ही पड़ता रहता है। यह भार बहुत अधिक है—कई हाथियों के वजन के बराबर। पर आश्चर्य की बात है कि यह हमें कभी भी महसूस नहीं होता। इसका कारण यह है कि हमारे शरीर के अंदर भी हमेशा इतनी वायु (आमतौर पर 6 लीटर) भरी रहती है और वह बाहरी (वायु के) दबाव को संतुलित कर देती है।

वायु का इतना भार उस समय से मनुष्य पर पड़ता रहा

है जब से उसका विकास हुआ है—यानी लाखों वर्षों से। वैसे यह भार मनुष्यों के पूर्वजों पर भी—उन जंतुओं पर भी जिनसे मनुष्य विकसित हुआ है—पड़ता रहता था, क्योंकि वायुमंडल की उत्पत्ति उन जंतुओं के विकास से कहीं पहले हो गई थी। मजेदार बात यह है कि इस भार में तनिक भी कमी हो जाने पर (ऊँचे पर्वतों पर अथवा बहुत ऊँचाई पर उड़ते हवाई जहाज में यात्रा करते समय) हमें शारीरिक और मानसिक कठिनाइयाँ अनुभव होने लगती हैं। इसीलिए बहुत ऊँचाई पर उड़ते वायुयान के अंदर वायु का दबाव उतना ही रखा जाता है जितना जमीन पर होता है। इसीलिए अंतरिक्ष यात्रियों को विशेष पोशाक पहननी पड़ती है।

यह दबाव समुद्र तल पर 760 मि.मी. ऊँचे पारे के स्तंभ के बराबर होता है (स्थान की ऊँचाई के साथ यह घटता जाता

है)। यह दबाव कितना अधिक होता है, इसका अंदाज कराने के लिए आमतौर पर एक प्रयोग का उल्लेख किया जाता है। यह प्रयोग आज से तीन सौ छियालीस वर्ष पूर्व सन् 1654 में जर्मनी के एक वैज्ञानिक ऑटो वॉन गुरके ने किया था। यह प्रयोग धातु के दो अर्द्धगोलों के साथ—जो बाद में उस शहर के नाम पर, जिसमें यह प्रयोग किया गया था, 'मैग्डेबर्ग गोलार्द्ध' कहलाए—किया गया था। गुरके ने दोनों गोलार्द्धों को एक-दूसरे पर रखकर उनके बीच में से, निर्वात पंप से, वायु निकाल दी थी। इससे गोले के अंदर लगभग पूर्ण निर्वात बन गया था। फिर हर गोलार्द्ध पर आठ-आठ घोड़ों से बल लगवाने पर भी गोलार्द्ध अलग नहीं हुए थे। दूसरे शब्दों में, गोलार्द्धों पर पड़नेवाला वायु का दबाव सोलह घोड़ों की संयुक्त ताकत का सामना कर सकता था।

यदि हम पूरी पृथ्वी के ऊपर स्थित वायु यानी संपूर्ण वायुमंडल का भार जानना चाहें तो वह लगभग 5080 खरब टन होगा।

जैसाकि तुम जानते हो, वायु अनेक गैसों का मिश्रण है, जिसमें नाइट्रोजन (लगभग 78%), ऑक्सीजन (लगभग 21%), कार्बन डाइऑक्साइड (0.03%) तथा बहुत सूक्ष्म मात्राओं में ऑर्गोन, निओन, हीलियम तथा अन्य दुर्लभ गैसें मौजूद होती हैं। वैसे वायुमंडल में सदैव थोड़ी-बहुत मात्रा में पानी की भाप और धूलकण भी मौजूद रहते हैं। विशेष रूप से औद्योगिक शहरों के निकट वायुमंडल में अमोनिया, सल्फर डाइऑक्साइड, कार्बन मोनोऑक्साइड जैसी जहरीली गैसें भी कुछ मात्रा में उपस्थित होती हैं।

ये गैसें अणुओं के रूप में मौजूद होती हैं। जैसाकि अधिकांश बच्चे जानते हैं कि अणु अत्यंत सूक्ष्म कण होता है—इतना सूक्ष्म कि हम उसे कभी भी, कितने भी शक्तिशाली सूक्ष्मदर्शी के नीचे भी, नहीं देख सकते। अणु एक से.मी. का लगभग एक

करोड़वाँ भाग होता है। 0° सै. ताप और 760 मि.मी. दाब पर एक घन से.मी. वायु में 26,000,000,000,000,000,000 अणु होते हैं। ये अणु स्थिर नहीं रहते। हमेशा लगभग 1810 कि.मी. प्रति घंटे की रफ्तार से गति करते रहते हैं और आपस में टकराते रहते हैं। क्या तुम अंदाज लगा सकते हो कि अणु एक सेकेंड में आपस में कितनी बार टकराते होंगे? पचास अरब बार।

वायुमंडल की ऊँचाई धरती की सतह से लगभग एक हजार कि.मी. ऊपर तक है, परंतु पूरे वायुमंडल की लगभग आधी वायु पाँच कि.मी. ऊँचाई तक ही स्थित है और पंचानबे प्रतिशत वायु केवल बीस कि.मी. ऊँचाई तक। इस प्रकार हम हमेशा 'वायु के सागर' के नीचे रहते हैं।

अब इस वायु के साथ कुछ प्रयोग–

□

15

हवा टिन का डिब्बा तोड़े

हवा का दबाव कितना अधिक होता है, इसका अंदाज तुम एक और सरल प्रयोग से कर सकते हो। इसके लिए तुम्हें चाहिए टिन का एक ऐसा डिब्बा जिसमें लगभग पाँच लीटर पानी आ जाता हो और उसमें ऊपर की ओर एक छोटा चूड़ीदार छेद हो, जिसपर चूड़ी कसकर ढक्कन को फिट किया जा सकता हो। मोबिल ऑयल या खाद्य तेल के ऐसे डिब्बे अकसर मिल जाते हैं। अपना प्रयोग करने से पहले डिब्बे में से मोबिल ऑयल या तेल को पूरी तरह निकालना बहुत जरूरी है। डिब्बे में मोबिल ऑयल/तेल की एक बूँद भी नहीं रहनी चाहिए।

डिब्बे का ढक्कन खोल लो और उसमें लगभग एक कप पानी डालो। फिर उसे गैस/स्टोव पर रखकर उस समय तक गरम करो जब तक पानी पूरी तरह उबलने न लगे। पानी के दो मिनट तक उबलने के बाद डिब्बे को स्टोव पर से उतार लो और जल्दी से उसके मुँह पर ढक्कन कस दो।

अब गरम डिब्बे को नल के नीचे रखकर उसपर नल खोल दो। कुछ सेकेंड बाद तुम देखते हो कि डिब्बा बहुत जोर से चीखता हुआ पिचक जाता है।

ऐसा क्यों हुआ? डिब्बे के अंदर हवा भरी थी। जब उसमें थोड़ा सा पानी डालकर उसे गरम किया गया तो दो घटनाएँ हुईं। डिब्बे में भरी हवा गरम होकर बाहर निकलने लगी और उसका स्थान पानी की भाप लेने लगी। जब तुमने डिब्बे को स्टोव से उतारकर उसके मुँह पर कसकर ढक्कन लगा दिया तो उस समय डिब्बे में हवा की मात्रा बहुत कम थी और भाप की मात्रा बहुत अधिक थी। फिर उसे ठंडे पानी के नीचे रखने पर उसके अंदर भरी हुई भाप शीघ्र ही पानी की बूँदों में बदल गई। भाप के मुकाबले उससे बने पानी का आयतन बहुत कम होता है। इससे

डिब्बे के अंदर आंशिक निर्वात बन गया--हवा का दबाव बहुत कम हो गया। हवा हर जगह पर अपना दबाव बराबर रखने का प्रयत्न करने के अपने गुण के फलस्वरूप चारों ओर से डिब्बे में घुसने की कोशिश करने लगी। ढक्कन बंद होने के कारण वह डिब्बे में घुस नहीं सकी, पर उसने उसे पिचका जरूर दिया।

आँधी या तूफान आने के कारण भी लगभग ये ही होते हैं। किसी क्षेत्र में हवा बहुत गरम होकर ऊपर उठ जाती है। इससे उस क्षेत्र में हवा का दबाव कम हो जाता है। उसको बराबर करने के लिए आसपास के अधिक दबाववाले क्षेत्रों से हवा तेजी से उस ओर बहने लगती है। यह तेज

बहनेवाली हवा ही आँधी होती है।

गरमी के दिनों में बननेवाले 'धूल के भूत' भी, इसी प्रकार, किसी छोटे से क्षेत्र की हवा के तेजी से गरम होकर ऊपर उठने और आसपास के इलाकों से हवा के बहुत तेजी से आने के कारण पैदा होते हैं। जब आसपास के क्षेत्रों से हवा आती रहती है तब भी उस छोटे, कम दबाववाले, क्षेत्र की हवा तेजी से ऊपर उठती रहती है और अपने साथ धूल के कण, कागज के टुकड़े, पेड़ों की पत्तियाँ भी ले जाती है। आसपास से आनेवाली हवा ऊपर उठनेवाली हवा को एक ओर धकेलती रहती है। इसलिए 'भूत' आगे बढ़ता रहता है। पर जल्दी ही हवा का दबाव बराबर हो जाता है और 'भूत' शांत हो जाता है।

चक्रवातों में काफी बड़े क्षेत्र की वायु ऊपर उठने लगती है। इसलिए काफी दूर से वायु उस क्षेत्र की ओर तेजी से बहती है। उस वायु में पानी की भाप भी काफी मात्रा में मौजूद होती है। उसके पानी में बदलने से वायु को बहुत बड़ी मात्रा में ऊर्जा मिलती रहती है। इसीलिए चक्रवात बहुत शक्तिशाली हो जाते हैं। वे सैकड़ों कि.मी. तक चले जाते हैं। उनमें हवा भी बहुत तेज बहती है। इसलिए वे बहुत अधिक विनाश करते हैं।

तुम्हें याद होगा कि अक्तूबर 1999 में उड़ीसा में बहुत भयंकर चक्रवात आए थे। उन्होंने वहाँ बहुत विनाश किया था, जिसमें हजारों व्यक्तियों की मृत्यु हो गई थी, लाखों घर उजड़ गए थे और करोड़ों-अरबों रुपयों की फसल नष्ट हो गई थी।

□

16

क्या तुम्हें एक गिलास हवा दूँ?

गरमी के दिनों में जब तुम स्कूल से अथवा खेलकूद कर घर लौटते हो उस समय तुम्हें सबसे अधिक जरूरत होती है पानी की। इसीलिए उस समय तुम्हारी माँ अवश्य पूछती हैं, 'तुम्हें एक गिलास पानी दूँ?'

इसी प्रकार यदि तुमसे कोई पूछे कि 'क्या मैं तुम्हें एक गिलास हवा दूँ?' तो तुम अचरज में पड़ जाओगे कि क्या हवा को भी पानी की तरह गिलास में भरकर दिया जा सकता है? हाँ।

वैसे हर खाली बरतन और खाली जगह में हवा रहती है। वह उनमें स्वाभाविक ढंग से भर जाती है। उसे पानी या अन्य चीजों की भाँति भरने की जरूरत नहीं होती। वह दिखती नहीं है, इसलिए आम लोगों को अकसर उसका आभास ही नहीं होता। पर उसकी मौजूदगी का आभास परोक्ष रूप से कराया जा सकता है। उदाहरण के लिए, पानी में उठते उसके बुलबुलों के रूप में।

इस प्रकार अगर तुम्हारे सामने एक खाली गिलास लाकर रख दिया जाता है तब उसका अर्थ यह है कि तुम्हें एक गिलास हवा दी गई है। अब यह जाँचना है कि उस गिलास में हवा भरी हुई है या नहीं। उसे उलटा कर लो और जल्दी से पानी भरे बरतन में डुबो दो। तुम देखते हो कि गिलास पानी के अंदर नहीं घुसता। फिर गिलास को धीरे-धीरे तिरछा करते जाओ। तुम हवा के बुलबुलों को ऊपर उठते देखते हो, यानी हवा गिलास में से निकल रही है। जैसे-जैसे गिलास में से हवा बाहर निकलती जाती है, उसमें पानी ऊपर चढ़ता जाता है।

यदि इस प्रयोग में काँच के एक बड़े बरतन में पानी भरो और उसमें डुबोने के लिए काँच का ही गिलास लो तब तुम गिलास में से हवा के बुलबुलों के निकलने को और उसमें पानी भरने की क्रिया को बेहतर तरीके से देख सकते हो। □

पानी भरा गिलास उलट दो, पर पानी गिरे नहीं

एकाएक तुम इस बात पर विश्वास नहीं कर सकते कि पानी भरे गिलास को उलट देने पर भी पानी नहीं गिरता। पर यह एकदम सही है और तुम भी ऐसा कर सकते हो। इसके लिए तुम्हें चाहिए काँच का एक गिलास, मोटे गत्ते का एक टुकड़ा और पानी।

पहले गिलास को ऊपर तक पानी से भर लो। उसके ऊपर गत्ते का टुकड़ा रख दो। अब गिलास को जल्दी से एकदम उलटा दो। तुम देखते हो कि गिलास के उलट देने पर भी न तो पानी गिरता है और न ही गत्ता। चाहे तो धीरे से गत्ते पर से अपना हाथ भी हटा लो। फिर भी पानी और गत्ता नीचे नहीं गिरते। बताओ, इसका क्या कारण है?

इसका कारण है हवा का दबाव। हवा चारों ओर दबाव डालती है। वह ऊपर से नीचे की ओर तथा नीचे से ऊपर की ओर भी दबाव डालती है। यह दबाव 1.05 कि.ग्रा. प्रतिवर्ग से.मी. की दर से डाला जाता है। यह दबाव इतना अधिक होता है कि वह गिलास में भरे पानी की तुलना में लगभग डेढ़ गुने पानी को ऊपर सँभाले रख सकता है।

□

18

हवा गिलासों को आपस में चिपकाए

इस प्रयोग को करने के लिए तुम्हें चाहिए दो गिलास, रबर का एक छल्ला (वाशर) और कागज। यह छल्ला ऐसा होना चाहिए कि गिलासों के मुँह पर सही प्रकार से फिट हो जाए।

पहले रबर के छल्ले को गीला करके एक गिलास के मुँह पर रख दो। फिर कागज के टुकड़े को जलाकर उस गिलास के अंदर डाल दो और जल्दी से दूसरे गिलास को उलटा करके पहले गिलास के ऊपर रख दो। कागज के बुझ जाने पर दोनों गिलास आपस में चिपक जाते हैं। इस हालत में ऊपरवाले गिलास को उठाने पर नीचेवाला गिलास भी उठ जाता है।

इसका कारण क्या है? हवा का दबाव। पहले गिलास में जलता हुआ कागज डालने पर उसकी कुछ हवा (ऑक्सीजन) खर्च हो गई तथा बाकी गरम हो गई। गरम हवा का कुछ भाग गिलास से बाहर भी निकल गया। इस प्रकार गिलास में हवा की मात्रा कम हो गई। अब इस गिलास पर दूसरे गिलास को उलटा करके रख देने के बाद कागज के बुझ जाने से पहले गिलास की हवा ठंडी हो गई। वह सिकुड़ गई और उसका दबाव कम हो गया। पर गिलास के आसपास की हवा का दबाव अधिक था। निश्चय ही आसपास की हवा गिलास के अंदर जाने का प्रयत्न करती; परंतु दूसरे गिलास के उसके ऊपर रख देने से और दोनों गिलासों के बीच रबर का वाशर होने के कारण बाहर से हवा उनके अंदर नहीं जा सकी। उसने दोनों गिलासों पर दबाव डालकर उन्हें एक-दूसरे से कसकर चिपके रहने के लिए मजबूर कर दिया।

□

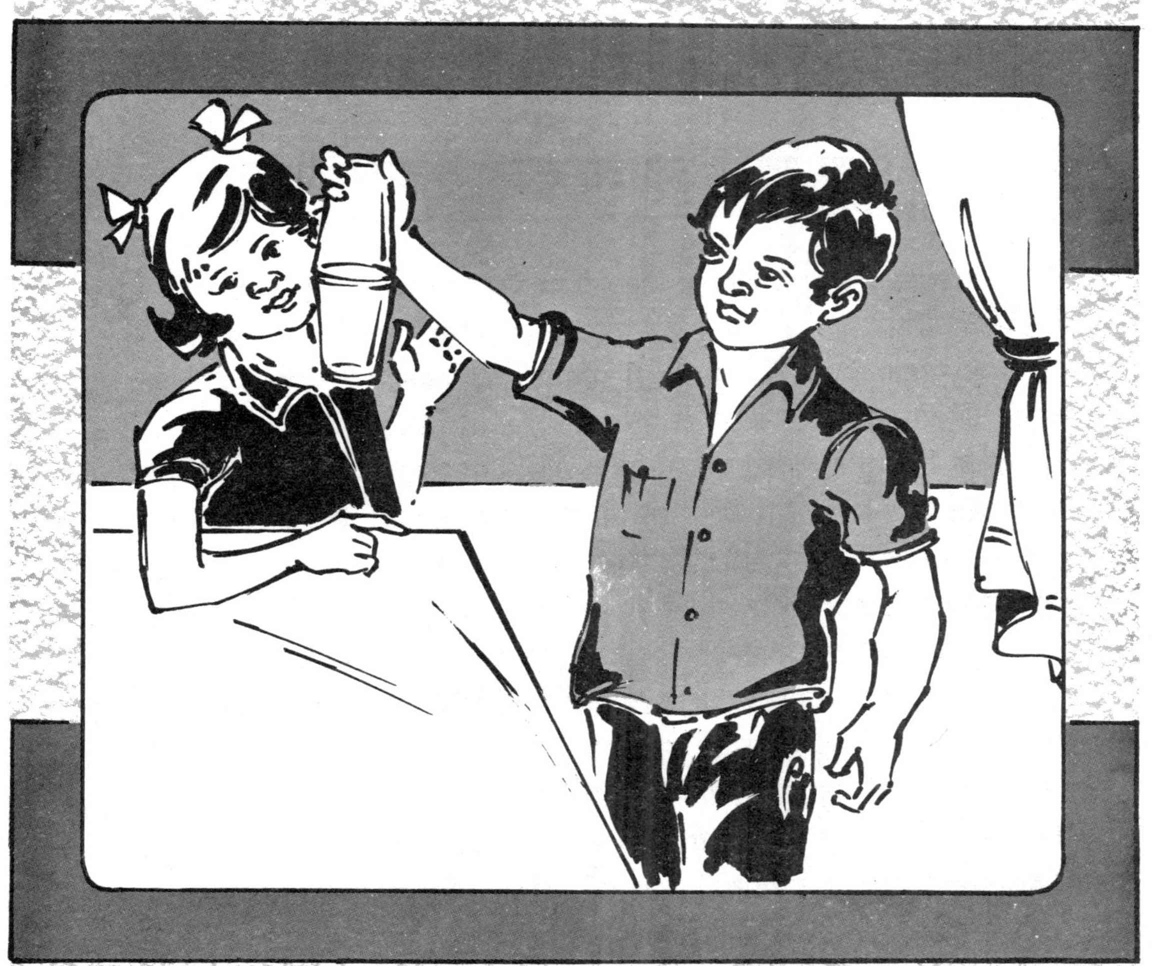

19

फूँक मारो, ज्वाला तुम्हारी ओर आए

छोटे बच्चे अकसर जलती हुई मोमबत्ती पर फूँक मार देते हैं। इससे मोमबत्ती की ज्वाला फूँक की दिशा में मुड़ जाती है। अगर फूँक जोर से मारी जाती है तब ज्वाला बुझ भी जाती है। तो क्या ऐसा हो सकता है कि फूँक मारने पर मोमबत्ती की ज्वाला की दिशा तुम्हारी ओर (फूँक मारनेवाले की ओर) हो जाए? हाँ, ऐसा संभव है।

इसके लिए तुम्हें चाहिए एक मोमबत्ती और कार्ड बोर्ड का एक चौकोर टुकड़ा। पहले मोमबत्ती जला लो। उसके और अपने मुँह के बीच में कार्ड बोर्ड का टुकड़ा पकड़ लो। अब मोमबत्ती की ओर जोर से फूँक मारो। फूँक मारने पर तुम देखते हो कि मोमबत्ती की ज्वाला तुम्हारी ओर मुड़ जाती है। इसका अर्थ हुआ कि हवा का प्रवाह भी तुम्हारी ओर ही बह रहा है, जबकि तुमने फूँक मारकर हवा को अपने से परे भेजा था। ऐसा क्यों हुआ?

वह हवा जिसे तुमने फूँका था, कार्ड बोर्ड के टुकड़े से टकरा गई। इससे हवा में विभिन्न किस्म की भँवरें पैदा हो गईं। इन भँवरों आदि का अंतिम परिणाम यह हुआ कि कार्ड बोर्ड के पीछे हवा का दबाव कम हो गया; परंतु आसपास की हवा का दबाव अधिक था। इसलिए हवा अपना दबाव बराबर करने के लिए आसपास के क्षेत्र से कार्ड बोर्ड की ओर से (तुम्हारी ओर) बहने लगी। इसी बहती हुई हवा ने मोमबत्ती की ज्वाला का रुख भी तुम्हारी ओर कर दिया।

इस संबंध में वैज्ञानिकों का यह भी मत है कि उपर्युक्त प्रयोग में कार्ड बोर्ड के स्थान पर कोई ऐसी वस्तु रख दी जाए जिसकी आकृति स्ट्रीमलाइन हो, तब फूँक मारने पर ज्वाला का रुख तुम्हारी ओर न होकर तुमसे परे होगा। 'स्ट्रीमलाइन आकृति' से यहाँ तात्पर्य है ऐसी आकृति से, जो हवा के प्रवाह में कम-से-कम अवरोध उत्पन्न करे।

आओ! इस बारे में भी प्रयोग कर देखें। कागज की एक चौड़ी पट्टी को बेलनाकार आकृति देकर उसके ऊपर रबर का एक बैंड चढ़ा लो, जिससे पट्टी खुले नहीं। अब पट्टी को अपने और जलती हुई मोमबत्ती के बीच रखकर फूँक मारो। तुम देखते हो कि इस बार ज्वाला का रुख तुम्हारी ओर न होकर तुमसे परे हो जाता है।

इस बार अवरोध (तुम्हारे और मोमबत्ती के बीच रखी हुई वस्तु) की आकृति ऐसी नहीं है जो हवा में रुकावट डाले, भँवरें उत्पन्न करें, कम दबाववाला क्षेत्र पैदा करे और अंततः अपेक्षाकृत उच्च दबाववाली वायु को अवरोध की ओर बहने के लिए प्रेरित करे। □

हवा क्यों बहती है

हम सब जानते हैं कि हवा बहती है। जब वह धीरे-धीरे बहती है तब हमें बहुत अच्छी लगती है। सुबह की मंद हवा हमारे शरीर को स्फूर्ति से भर देती है और हमारे मस्तिष्क को तरोताजा कर देती है। पर आँधी के रूप में बहनेवाली हवा सबको परेशान कर देती है। जब हवा चक्रवात का रौद्र रूप धारण कर लेती है तब तो वह अत्यंत विनाशकारी हो जाती है। उस समय वह हमारे घरों को उजाड़ देती है, हमारी फसलों को नष्ट कर देती है और यहाँ तक कि अनेक लोगों की मौत का कारण भी बन जाती है।

हवा बहना ही क्यों आरंभ करती है और बहते समय किस प्रकार व्यवहार करती है? यह सब तुम स्वयं एक सरल प्रयोग द्वारा मालूम कर सकते हो; इस प्रयोग के लिए तुम्हें चाहिए बिजली की एक हॉट प्लेट और कागज की एक घिरनी। वैसे हॉट प्लेट की जगह तुम हीटर, स्टोव या गैस चूल्हे का भी इस्तेमाल कर सकते हो; परंतु ऐसा करते समय विशेष सावधानियाँ बरतनी होंगी।

इस प्रयोग के लिए जिस प्रकार की कागज की घिरनी की जरूरत होती है, वह उन दुकानों पर आसानी से मिल जाती है जो छोटे बच्चों के लिए गुब्बारे या अन्य खिलौने बेचती हैं।

पहले हॉट प्लेट से लगभग आधा मीटर ऊँचाई पर घिरनी को पकड़ो। तुम देखते हो कि घिरनी पर कोई प्रभाव नहीं होता। फिर हॉट प्लेट को बिजली के प्वाइंट से जोड़कर उसे चालू कर दो। धीरे-धीरे प्लेट गरम होती है। जब प्लेट पूरी तरह गरम हो जाती है तब कागज की घिरनी घूमने लगती है। ऐसा क्यों होता है?

प्लेट के गरम होने से उसके संपर्क में आनेवाली हवा भी गरम हो जाती है। गरम होने से

उसकी गैसों के अणु अधिक तेजी स गात करने लगते हैं और एक-दूसरे से दूर जाने लगते हैं। इससे हवा फैल जाती है। वह हलकी हो जाती है और ऊपर उठने लगती है। ऊपर उठनेवाली हवा घिरनी को घुमाती है।

वैसे प्लेट के ऊपर की हवा गरम होकर और ऊपर उठ जाती है। उसका स्थान लेने के लिए प्लेट के आसपास की हवा उसकी (प्लेट की) ओर बहने लगती है। कुछ क्षणों बाद वह भी गरम और हलकी होकर ऊपर उठ जाती है और उसका स्थान आसपास की ठंडी हवा ले लेती है। इस प्रकार एक चक्र—संवहन चक्र—आरंभ हो जाता है।

पृथ्वी पर इस प्रकार का बहुत विशाल संवहन चक्र सदैव चलता रहता है। पृथ्वी पर भूमध्य रेखा के आसपास के क्षेत्र में वर्ष भर गरमी पड़ती है। वहाँ की हवा गरम होकर ऊपर उठती रहती है और दोनों ध्रुवों—उत्तर और दक्षिण ध्रुवों—की ओर बहने लगती है; पर वह ध्रुवों से काफी पहले ही—लगभग 30-35° अक्षांशों के क्षेत्रों तक पहुँचते-पहुँचते—काफी ठंडी हो जाती है। इसलिए उन क्षेत्रों में वह नीचे उतर जाती है और वहाँ से उसका एक भाग धरती की सतह के निकट (ठंडी वायु अपेक्षाकृत भारी होती है और धरती की सतह के निकट बहती है) भूमध्य रेखा की ओर तथा दूसरा ध्रुवों की ओर बहने लगता है। भूमध्य रेखा की ओर बहनेवाली हवा 'व्यापारी पवन' और ध्रुवों की ओर बहनेवाली 'प्रतिकूल व्यापारी पवन' कहलाती है। ये पवनें वर्ष भर निरंतर बहती रहती हैं।

हमारे देश में वर्षा लानेवाली मानसून पवन के बहने और अपनी दिशा बदलने का मुख्य कारण भी धरती के एक भाग का दूसरे भाग की अपेक्षा अधिक गरम हो जाना है।

□

21

जलती मोमबत्ती को ढकना

यदि खुले मुँह की बोतल के मुँह को ढक दिया जाए तब बोतल के भीतर जलती हुई मोमबत्ती पर क्या प्रभाव पड़ता है? यह जानने के लिए तुम्हें चाहिए एक चौड़े मुँहवाली काँच की बोतल, एक मोमबत्ती और एक प्लेट, जिससे बोतल के मुँह को भली प्रकार ढका जा सके। इस प्रयोग के लिए टिन का डिब्बा भी लिया जा सकता है और वह काँच की बोतल से अधिक सुरक्षित भी रहता है; पर उसके भीतर होनेवाली क्रियाएँ तुम्हें बाहर से नहीं दिखाई देंगी।

पहले मोमबत्ती को जलाकर सावधानीपूर्वक बोतल के अंदर रख दो। ऐसा करते समय यह ध्यान रखो कि मोमबत्ती की लौ बोतल की दीवारों से दूर रहे, अन्यथा काँच चटक जाएगा। फिर बोतल के मुँह पर ढक्कन रख दो। तुम देखोगे कि मोमबत्ती कुछ देर बाद बुझ जाती है। इसका क्या कारण है? बोतल को ढकने से बाहर की हवा उसके अंदर नहीं आ पाई, जबकि उसके अंदर की हवा का वह अंश, जो मोमबत्ती के जलने में सहायक हो सकता था, खर्च हो गया।

तुममें से अधिकांश बच्चे जानते हैं कि वायु का वह अंश, जो आग को जलने में मदद देता है, ऑक्सीजन होता है और उसकी मात्रा वायु में लगभग एक बटा पाँच भाग होती है।

वैसे तुम उपर्युक्त प्रयोग को दूसरे तरीके से भी कर सकते हो और उससे तुम आसानी से यह दर्शा सकते हो कि वायु का लगभग पाँचवाँ भाग ही आग को जलने में सहायता पहुँचाता है।

इस तरीके से प्रयोग करने के लिए तुम्हें चाहिए पानी से भरा एक चौड़ा बरतन, लकड़ी का एक छोटा पटिया, मोमबत्ती और काँच की चौड़े मुँहवाली एक बोतल।

पहले मोमबत्ती को जलाकर लकड़ी के पटिए पर रख लो। पटिए को पात्र में भरे पानी पर

तैरा दो। अब बोतल उलटी करके जलती हुई मोमबत्ती के इर्दगिर्द इस प्रकार से रख दो कि मोमबत्ती पूरी तरह उससे ढक जाए। तुम देखोगे कि कुछ देर बाद मोमबत्ती बुझ जाती है। फिर बोतल में पानी चढ़ने लगता है और वह उसके पाँचवें भाग तक ऊपर चढ़ जाता है। इससे सिद्ध होता है कि बोतल में भरी वायु का पाँचवाँ भाग ही खर्च हुआ है।

मोमबत्ती के बुझने और पानी के बोतल में चढ़ने के बीच के समय में हो सकता है कि बोतल में से उस हवा के कुछ बुलबुले निकलें जो मोमबत्ती की गरमी से (बोतल में) फैल गई थी। इस हवा के ठंडे हो जाने के बाद ही बोतल में पानी ऊपर चढ़ता है। □

22

जोर लगाओ, पर अखबार न उठे

अखबार जैसी वस्तु को एक छोटा सा बच्चा भी आसानी से उठा सकता है। परंतु अखबार को एक विशेष स्थिति में बिछा देने पर उसे बहुत बल लगाकर भी नहीं उठाया जा सकता। तुम स्वयं भी ऐसा कर सकते हो। इसके लिए तुम्हें चाहिए एक बड़ा अखबार, एक मेज (या कोई सपाट सतह) और एक स्केल पट्टी।

अखबार को मेज पर रखकर उसे पूरी तरह खोल दो (जैसाकि चित्र में दिखाया गया है)। उसके नीचे स्केल पट्टी इस प्रकार रख दो कि आधी पट्टी मेज के किनारे से बाहर निकली रहे। अब अखबार को मेज पर एकदम समतल करके इस प्रकार फैला दो कि उसके किनारे भी मेज से भलीभाँति सट जाएँ—उठे हुए न रहें।

ऐसा कर लेने के बाद अपने किसी ऐसे साथी को, जो स्वयं को बहुत ताकतवर समझता हो, स्केल पट्टी पर मुक्का मारकर अखबार उठाने के लिए कहो। निश्चय ही तुम्हारा साथी स्केल पर जोर से मुक्का मारकर यह दर्शाने की कोशिश करेगा कि उसके एक मुक्के से ही अखबार उछलकर दूर जा गिरेगा। पर ऐसा करने से अखबार हिला भी नहीं, उछलकर गिरने की बात तो दूर रही। यह भी हो सकता है कि स्केल पट्टी पर जोर से मुक्का मारने पर वह टूट जाए, पर अखबार फिर भी न उठे।

इसके लिए दो कारक उत्तरदायी हैं—वायु का वजन और जड़त्व का नियम। तुम जानते हो कि हवा प्रतिवर्ग से.मी. क्षेत्र पर लगभग 1.05 कि.ग्रा. का वजन डालती है। आमतौर पर अखबार के एक पृष्ठ का क्षेत्रफल लगभग 55 × 40 = 2200 वर्ग से.मी. होता है (वैसे पृष्ठ इससे कुछ बड़ा-छोटा भी हो सकता है)। और जब अखबार को खोलकर रखा जाता है तब उसका

क्षेत्रफल दुगुना हो जाता है—लगभग 2200 × 2 = 4400 वर्ग से.मी.। इतने बड़े क्षेत्र पर वायु का दाब होगा 4400 × 1.05 = 4620 कि.ग्रा.। यह वजन तो सच में बहुत अधिक है। इसे उठा पाना तो बड़े-से-बड़े पहलवान के लिए भी असंभव है।

अब जड़त्व के नियम की भी चर्चा कर लें। इसके अनुसार, कोई भी वस्तु जो विश्राम अवस्था में होती है वह अपनी अवस्था आसानी से नहीं बदलना चाहती। उसे बदलने के लिए बल की आवश्यकता होती है। यह बल काफी समय तक लगाया जाना चाहिए। बल लगाने के समय की अवधि जितनी अधिक होगी वस्तु उतनी ही तेजी से जड़त्व को त्याग देगी।

जब तुम्हारे साथी ने स्केल पर मुक्का मारा तब बल लगाने की अवधि बहुत छोटी थी। पर अखबार के ऊपर स्थित हवा की अपनी विश्राम अवस्था को बनाए रखने की प्रवृत्ति बहुत अधिक बलवती थी। इसलिए हवा अपने स्थान से विस्थापित नहीं हुई और उसने अखबार को भी ऊपर नहीं उठने दिया।

☐

चुंबकत्व ने इतिहास बदल दिया

आज से लगभग दो हजार वर्ष पूर्व मैग्नस नाम का एक चरवाहा तुर्की के किसी गाँव में रहता था। एक दिन गाँव के निकट वह अपनी भेड़ें चरा रहा था। भेड़ों को हाँकने के लिए उसने अपने हाथ में जो छड़ी ले रखी थी उसके सिरे पर लोहे की टोपी चढ़ी हुई थी। उसने वह छड़ी एक चट्टान पर टिका दी। पर जब उसने भेड़ों को हाँकने के लिए उसे उठाना चाहा तो उसे बहुत आश्चर्य हुआ। छड़ी की लोहे की टोपी चट्टान के साथ चिपक गई थी। उस चट्टान में एक ऐसा 'रहस्यमय बल' मौजूद था जिसने लोहे की टोपी को अपनी ओर आकर्षित कर लिया था।

मैग्नस उस चट्टान का पता लगानेवाला पहला व्यक्ति था। इसलिए वह चट्टान 'मैग्नेट' नाम से प्रसिद्ध हुई (चुंबक को आज भी अंग्रेजी में 'मैग्नेट' ही कहा जाता है)। बाद में लोगों को ऐसी अनेक चट्टानें मिलीं जो लोहे की वस्तुओं को आकर्षित करती थीं। ये प्राकृतिक चुंबक थीं।

पर कुछ लोगों का विचार है कि 'मैग्नेट' नामकरण यूनान के मैग्नेशिया जिले के नाम पर, जहाँ इस प्रकार की चट्टानों का पता सबसे पहले चला था, हुआ था।

इसी प्रकार कहा जाता है कि एक समय चीन में होअंगती नाम का एक राजा था, जो एक बार अपनी सेना समेत घने कोहरे में फँस गया। उस समय वह अपने एक जानी दुश्मन का, जो उसका राज हड़प लेना चाहता था, पीछा कर रहा था। उस समय कोहरा इतना घना था कि किसीको भी रास्ता नहीं दिख रहा था। इससे सब परेशान थे, पर होअंगती

को अपनी 'मूर्ति' पर अटूट विश्वास था कि वह उन सबको रास्ता अवश्य सुझा देगी। लोहे की बनी वह मूर्ति एक स्त्री की थी और वह उसके रथ में खड़ी थी। वह चारों ओर घूम सकती थी, पर उसका एक हाथ हमेशा उत्तर दिशा की ओर इशारा करता रहता था। उसकी मदद से होअंगती और उसकी सेना कोहरे में से बाहर निकल आए।

निश्चय ही उस मूर्ति में चुंबक रही होगी। इतिहासकार यह बताते हैं कि चीन के निवासियों को आज से हजारों वर्ष पहले ही चुंबक के गुणों के बारे में जानकारी हो गई थी और चीनी यात्री अपने साथ चुंबक रखते थे। इसकी मदद से वे कहीं भी–घने जंगलों और सैकड़ों-हजारों कि.मी. दूर तक फैले सागरों में खो जाने के बाद भी–अपना मार्ग खोज लेते थे।

धीरे-धीरे चुंबक के इस गुण–मुक्त रूप से लटका दिए जाने पर उसका एक सिरा उत्तर दिशा की ओर होता है और दूसरा दक्षिण दिशा की ओर–का ज्ञान अन्य देशों के निवासियों को भी हो गया। इस जानकारी

का कदाचित् सबसे अधिक लाभ यूरोपीय देशों के लोगों ने उठाया। चुंबक की मदद से वे समुद्री यात्राओं के दौरान भी अपनी सही दिशा खोज लेते थे। इसलिए उन्होंने पंद्रहवीं शताब्दी में लंबी-लंबी समुद्री यात्राएँ आरंभ कर दीं और वे हजारों कि.मी. दूर स्थित देशों में पहुँचने लगे। इस प्रकार वे एशिया, अफ्रीका तथा उत्तर और दक्षिण अमेरिका के देशों में पहुँच गए। वहाँ के निवासियों को छल-कपट से हराकर उनके राज्य हड़प लिये। इस प्रकार चुंबक ने मनुष्य जाति के एक बहुत बड़े भाग का इतिहास ही बदल दिया।

आज हमें चुंबक के बारे में काफी जानकारियाँ हैं। उनमें से कुछ महत्त्वपूर्ण जानकारियाँ इस प्रकार हैं–

मुक्त रूप से लटकाए जाने पर चुंबक द्वारा स्वयं को उत्तर-दक्षिण दिशा में व्यवस्थित कर लेने का गुण स्वयं पृथ्वी के एक बहुत शक्तिशाली चुंबक होने के कारण है। पृथ्वी का उत्तर ध्रुव चुंबक के एक सिरे को

अपनी ओर आकर्षित करता है और दक्षिण ध्रुव दूसरे सिरे को। वास्तव में चुंबक का उत्तर ध्रुव 'उत्तर दिशा इंगित करनेवाला ध्रुव' होता है और दक्षिण ध्रुव 'दक्षिण दिशा इंगित करनेवाला ध्रुव'।

लोहे के हर कण में चुंबकीय गुण होते हैं। उसमें दो ध्रुव होते हैं। जब हम लोहे की किसी वस्तु को चुंबक बनाते हैं तब इन कणों को इस प्रकार व्यवस्थित करने का प्रयत्न करते हैं कि अधिकांश कणों के उत्तर ध्रुव एक दिशा में हो जाएँ और दक्षिण ध्रुव एक दिशा में। चुंबक को गरम करने, जोर से पटकने अथवा उसे (विद्युत् चुंबक को) विद्युत् क्षेत्र में से हटा लेने पर यह व्यवस्था गड़बड़ा जाती है। इस प्रकार चुंबकत्व समाप्त हो जाता है।

चुंबकत्व एक प्रकार की ऊर्जा है और उसे भी ऊर्जा के अन्य रूपों में बदला जा सकता है। बड़े बिजलीघरों में चुंबकत्व को विद्युत् ऊर्जा में बदला जाता है।

हर चुंबक में दो ध्रुव होते हैं और वे चुंबक के सिरों पर ही सबसे अधिक शक्तिशाली होते हैं।

किसी वस्तु को आकर्षित करने से पहले ध्रुव वस्तु के निकटतम सिरे में विपरीत ध्रुव और दूरस्थ सिरे में समान ध्रुव प्रेरित करने का प्रयत्न करता है। इसीलिए समान ध्रुव एक-दूसरे को विकर्षित करते हैं (एक-दूसरे से दूर जाने का प्रयत्न करते हैं) और असमान ध्रुव आकर्षित।

विकर्षण ही चुंबकत्व की सही पहचान है।

यदि किसी लोहे की वस्तु को चुंबक से चिपका दिया जाए तो वह भी चुंबक बन जाती है और उससे किसी अन्य (लोहे की) वस्तु को चिपकाया जा सकता है। परंतु हर चिपकनेवाली (आकर्षित होनेवाली) वस्तु के साथ चुंबकत्व मंद पड़ता जाता है।

लोहे के अलावा निकिल, कोबाल्ट जैसी धातुओं और कुछ मिश्र धातुओं, ऑक्सीजन तथा दुर्लभ गैसों में भी चुंबकीय गुण मौजूद होते हैं। वैसे सिरेमिक और प्लास्टिक को भी चुंबकीय गुण प्रदान किए जा सकते हैं।

अनेक बिजली और इलेक्ट्रॉनिक उपकरणों का मुख्य अंग चुंबक ही होता है। □

23

लौह चूर्ण से आधुनिक चित्रकारी

आमतौर पर यह कहा जाता है कि आधुनिक चित्रकला के अनुसार बनाए गए चित्रों को हर व्यक्ति नहीं समझ पाता। अनेक बार आम आदमी द्वारा लगाया गया अर्थ एकदम गलत होता है। आधुनिक चित्रकला में अनेक बार वस्तुओं/व्यक्तियों की आकृतियाँ इस प्रकार दर्शाई जाती हैं कि उनका अर्थ लगाते-लगाते दर्शक का दिमाग चक्कर खाने लगता है।

हम तुम्हें ऐसी चित्रकारी करना तो नहीं सिखाएँगे, परंतु लोहे के चूर्ण से अनजाने में ही बन जानेवाले चित्रों के बारे में अवश्य बताएँगे।

इसके लिए लोहे के एक बोल्ट, एक सूखा सेल, कपड़ा चढ़ा बिजली का तार, एक कार्ड बोर्ड और लोहे के चूरे की जरूरत होगी।

पहले बिजली के तार के दोनों सिरों पर लगभग दस-बारह से.मी. तार छोड़कर उसे बोल्ट पर लपेट दो। फिर बोल्ट को कार्ड बोर्ड पर रखकर उसके इर्दगिर्द लौह चूर्ण बिखेर दो। उसके बाद तार के दोनों सिरों को सूखे सेल के अलग-अलग टर्मिनलों से जोड़ दो। ऐसा करते ही बोल्ट में चुंबकत्व आ जाएगा—वह चुंबक बन जाएगा। इससे लोहे के बारीक कण उसकी ओर आकर्षित हो जाएँगे। इससे कार्ड बोर्ड पर कुछ आकृतियाँ बन जाएँगी। बोर्ड थोड़ा सा हिला देने पर ये आकृतियाँ कुछ बदल जाएँगी।

□

विद्युत् चुंबक की शक्ति बढ़ाना

विद्युत् चुंबक बनाने की विधि तुम पढ़ ही चुके हो। क्या विद्युत् चुंबक की शक्ति (उसके चुंबकत्व) को बढ़ाया जा सकता है ? हाँ। ऐसा आसानी से किया जा सकता है। इसके लिए तुम्हें वे सब सामान ही चाहिए जिनकी लोहे के बोल्ट को विद्युत् चुंबक बनाने हेतु जरूरत होती है, अर्थात् छह वोल्ट का एक सूखा सेल, कच्चे लोहे का लगभग पाँच से.मी. लंबा एक बोल्ट, चार मीटर कपड़ा लिपटा, बिजली का, पतला तार और चिपकानेवाला टेप। इनके अतिरिक्त तुम्हें चाहिए एक और सूखा सेल, लगभग बीस पेपर क्लिप तथा तार का एक छोटा (लगभग बीस से.मी. लंबा) टुकड़ा।

पहले बोल्ट को विद्युत् चुंबक बना लो। फिर देखो कि उसका एक सिरा (ध्रुव) कितनी पेपर क्लिपों को आकर्षित करता है। उनकी संख्या नोट कर लो।

पहले सेल के धन (पॉजिटिव) टर्मिनल से जुड़े तार के सिरे को खोल लो। उसके स्थान पर तार के छोटे टुकड़े का एक सिरा उससे जोड़ लो। इस टुकड़े के दूसरे सिरे को दूसरे सेल के ऋण (नेगेटिव) टर्मिनल से जोड़ दो और बड़े तार के उस सिरे को, जो तुमने पहले सेल से खोला था, दूसरे सेल के धन टर्मिनल से जोड़ दो (जैसे सूखे सेल का धन टर्मिनल उसके बीच में होता है, ऋण टर्मिनल उसके खोल में रहता है)। इस प्रकार तुमने दोनों सेलों को (सीरीज) में जोड़ दिया।

सीरीज में जुड़े दो सेलों की मदद से जो विद्युत् चुंबक बनेगी वह पहली चुंबक (एक सेल की मदद से बनाई गई) की तुलना में अधिक शक्तिशाली होगी। उसकी शक्ति का अनुमान भी उसके एक सिरे द्वारा आकर्षित होनेवाली पेपर क्लिपों की संख्या से लगाया जा सकता है।

□

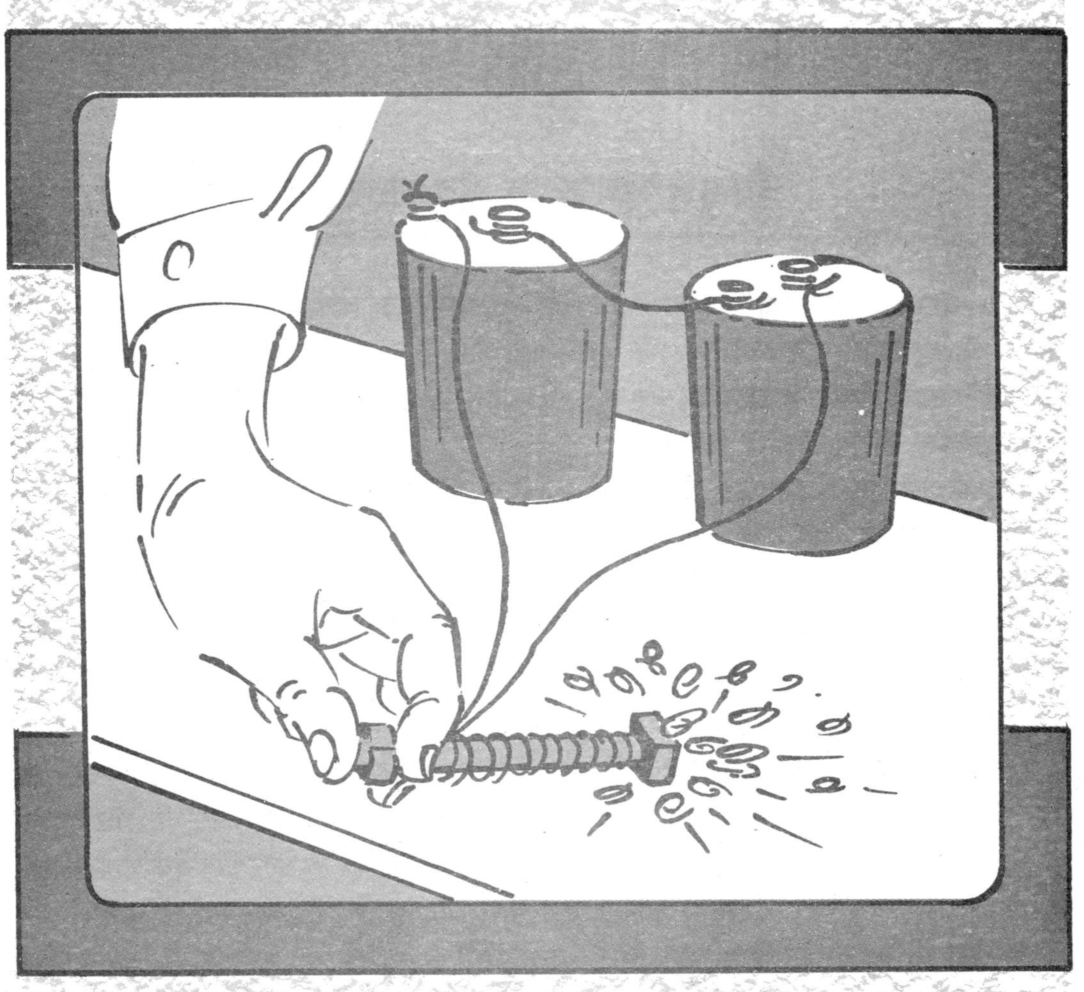

25

विद्युत् चुंबक के ध्रुव बदलना

आमतौर पर चुंबक दो प्रकार की होती हैं—स्थायी और अस्थायी। स्थायी चुंबक में काफी समय तक चुंबकत्व मौजूद रहता है और उसके ध्रुव नहीं बदलते। यह आमतौर पर इस्पात की बनी होती है। इसकी तुलना में अस्थायी चुंबक में, जो आमतौर पर विद्युत् चुंबक होती है, उतनी ही देर तक चुंबकत्व मौजूद रहता है जितनी देर तक यह विद्युत् क्षेत्र में रहती है। विद्युत् क्षेत्र में से हटते ही चुंबकत्व समाप्त हो जाता है। इसलिए पुनः चुंबक में परिवर्तित करने पर इसके ध्रुव अपने सिरे बदल भी सकते हैं। यह कच्चे लोहे से बनाई जाती है।

चुंबक, विशेष रूप से विद्युत् चुंबक के ध्रुव किस प्रकार बदलते हैं, यह जानने के लिए एक सरल प्रयोग किया जा सकता है। इसके लिए तुम्हें चाहिए छह वोल्ट का एक सूखा सेल, लगभग चार मीटर लंबा, कपड़ा चढ़ा, बिजली का तार, कच्चे लोहे का एक बोल्ट, चिपकानेवाला टेप तथा एक दंड चुंबक। बिजली का तार लगभग चौबीस गेज का ताँबे का तार हो तो बेहतर है।

पहले बोल्ट को विद्युत् चुंबक में बदल लो। इसके लिए बोल्ट पर कागज लपेटकर उसे टेप से चिपका दो जिससे वह अपने स्थान से न सरके। फिर तार का एक सिरा लो और लगभग तीस से.मी. तार छोड़कर बोल्ट पर नट के सिरे से लपेटना शुरू कर दो और अंत तक लपेटते रहो। उसके बाद तार को उलटी दिशा में लपेटना शुरू करो और नट के सिरे तक लपेटते जाओ। अगर इसके बाद भी काफी तार बचा रहता है तब दूसरे सिरे पर भी लगभग तीस से.मी. तार छोड़कर उसे नट के सिरे से लपेटना आरंभ कर दो और जहाँ तक वह समाप्त हो, लपेटते रहो।

अब तार के दोनों सिरों को सूखे सेल के अलग-अलग टर्मिनलों से जोड़ दो। ऐसा करते ही बोल्ट चुंबक बन जाएगा और उस समय तक बना रहेगा जब तक तार में से बिजली की धारा

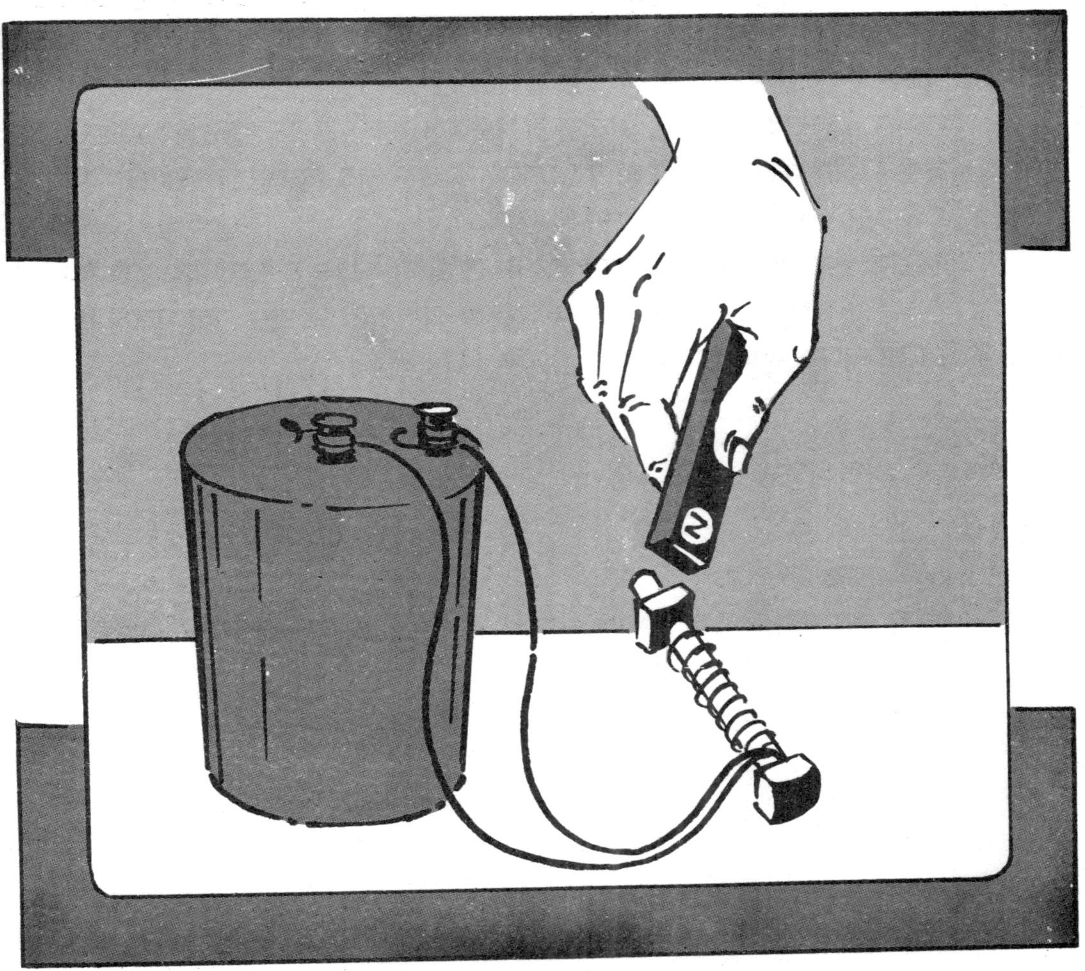

प्रवाहित होती रहेगी। यह ज्ञात करने के लिए कि बोल्ट चुंबक बन गया है और उसके कौन से सिरे पर कौन सा ध्रुव है, हमें एक दंड चुंबक की जरूरत होगी।

दंड चुंबक के किसी एक ध्रुव (सिरे) को बोल्ट के एक सिरे के पास ले जाओ। बोल्ट का वह सिरा आकर्षित होगा अथवा विकर्षित होगा ('विकर्षण' का अर्थ है दूर जाने का प्रयत्न करना)। उसके आकर्षित होने के दो अर्थ हो सकते हैं। अगर बोल्ट चुंबक नहीं बना है तब भी वह चुंबक की ओर आकर्षित होगा और यदि चुंबक बन गया है तब भी। इसीलिए वैज्ञानिक विकर्षण को ही चुंबकत्व की पक्की परख मानते हैं। इस कारण तुम दंड चुंबक का दूसरा सिरा बोल्ट के

पहले सिरे के निकट ले जाओ। अगर उनमें परस्पर विकर्षण होता है तो यह निश्चित हो जाता है कि बोल्ट चुंबक बन गया है।

विकर्षण की मदद से ही तुम आसानी से यह जान सकते हो कि बोल्ट का कौन सा सिरा उत्तर ध्रुव बना है और कौन सा दक्षिण। दंड चुंबक के उत्तर ध्रुव के सिरे पर आमतौर पर 'N' लिखा रहता है और दक्षिण ध्रुव के सिरे पर 'S'।

अब सूखे सेल के टर्मिनलों से जुड़े तार के सिरों को आपस में बदल दो। ऐसा करने के बाद दंड चुंबक की मदद से बोल्ट के सिरों की ध्रुवता ज्ञात करने पर तुम्हें पता चलेगा कि अब बोल्ट के ध्रुव भी आपस में बदल गए हैं।

□

26

आकार बढ़ा, पर शक्ति नहीं बढ़ी

कुछ लोगों के मन में यह भ्रम होता है कि चुंबक का आकार जितना बड़ा होता है उसका बल (चुंबकत्व) भी उतना ही अधिक होता है। क्या यह भ्रम वास्तविक है? इसको जाँचने के लिए आओ एक प्रयोग करें।

इस प्रयोग के लिए तुम्हें चाहिए छोटी-बड़ी चार-पाँच चुंबक और तीस-चालीस पेपर क्लिप। इनमें दंड, घोड़े की नाल या अन्य आकृतियों की चुंबक भी शामिल हो सकती हैं।

पहले चुंबकों पर चाक से 1, 2, 3, 4 संख्याएँ डाल लो। फिर 1 नंबर की चुंबक के एक सिरे को (तुम जानते हो कि चुंबक का बल उसके सिरों पर ही केंद्रित होता है) पेपर क्लिपों के ढेर के ऊपर भलीभाँति फिराओ। उस सिरे पर चिपकनेवाली पेपर क्लिपों की संख्या गिन लो। उन क्लिपों को छुड़ाकर ढेर में रख दो। फिर एक के बाद एक सब चुंबकों को (उनके एक सिरे को) क्लिपों के ढेर पर फिराओ और चिपकनेवाली क्लिपों की संख्या गिनते जाओ।

जिस चुंबक में चिपकनेवाली क्लिपों की संख्या सबसे अधिक हो वही सबसे शक्तिशाली चुंबक होगी। दूसरे शब्दों में, चुंबक का बल उसमें चिपकनेवाली पेपर क्लिपों की संख्या के अनुपात में होगा।

इस प्रयोग से पता चलता है कि चुंबक का बल उसके आकार पर निर्भर नहीं होता। हो सकता है कि छोटे आकार की चुंबक बड़ी चुंबक से कहीं अधिक शक्तिशाली हो। उसका चुंबकत्व तीन बातों पर निर्भर करता है—आरंभ में उसे कितनी शक्तिशाली चुंबक बनाया गया था, उसे चुंबक बने कितना समय हो गया और इस दौरान उसको रखने तथा इस्तेमाल करने में आवश्यक सावधानियाँ बरती गईं अथवा नहीं।

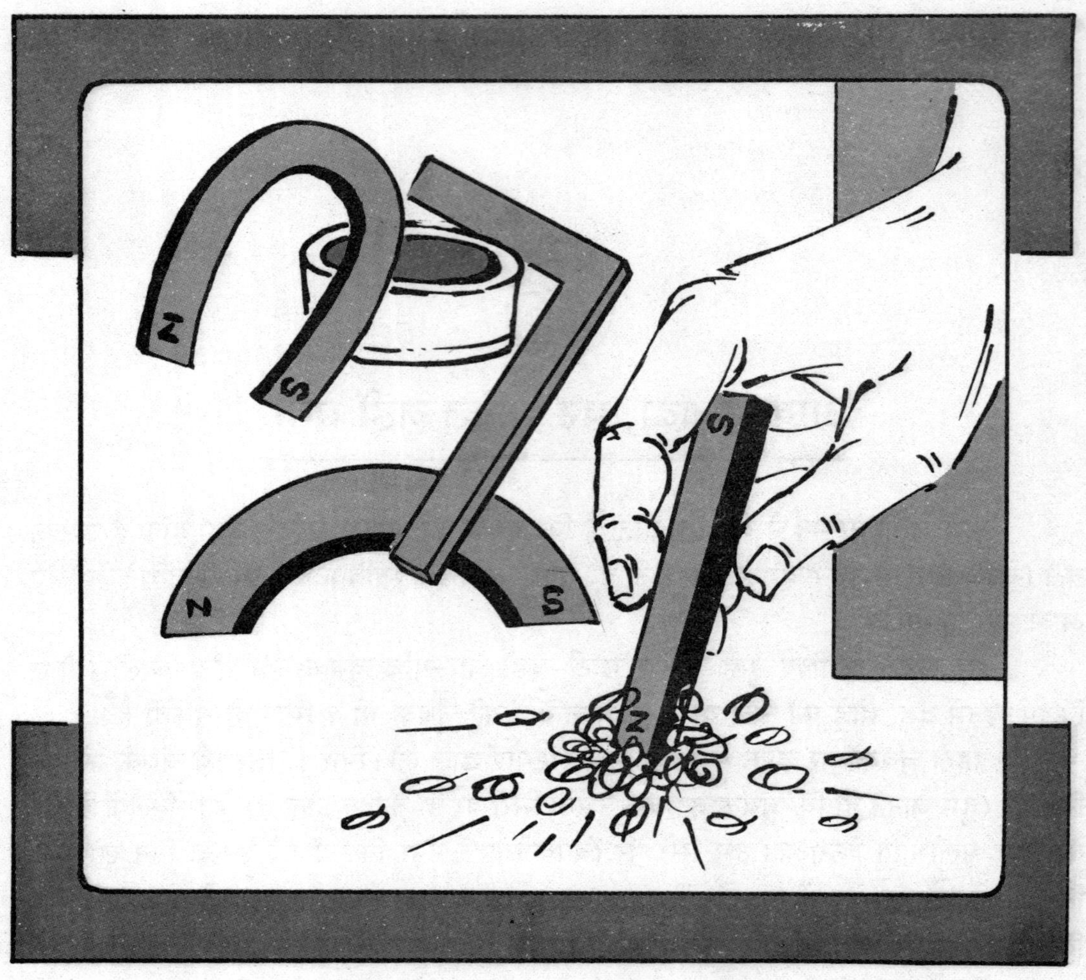

इस संबंध में एक महत्त्वपूर्ण तथ्य यह है कि दंड चुंबकों को कभी अकेले नहीं रखना चाहिए, वरन् जोड़ों में रखना चाहिए। साथ ही एक दंड चुंबक का उत्तर ध्रुव दूसरी दंड चुंबक के दक्षिण ध्रुव के निकट हो और दोनों चुंबकों के सिरों को एक कीपर (लोहे के टुकड़े) द्वारा जोड़ देना चाहिए। नाल जैसी आकृति की चुंबक को अकेला रखा जाता है, परंतु उसके ध्रुवों को कीपर से जोड़ दिया जाता है।

चुंबकों को बिना कीपर के रखने, उन्हें गरम करने अथवा जोर से बार-बार पटकते रहने से उनका चुंबकत्व क्षीण पड़ता जाता है। □

सर्वोत्तम नौकर पर बिगड़ैल स्वामी : बिजली

ज्यादातर व्यक्ति बिजली के बारे में मात्र इतना जानते हैं कि वह 'बिजलीघर' नामक स्थान से, तारों में से होकर आनेवाली एक अदृश्य शक्ति है, जो 'सर्वोत्तम नौकर है, पर अत्यंत बिगड़ैल स्वामी'। वे यह भी कहते हैं कि बिजली ऊर्जा का एक रूप है, जिसे किसी अन्य प्रकार की ऊर्जा जैसे चुंबकत्व, गरमी, ध्वनि आदि में बदला जा सकता है। भौतिकशास्त्री भी यह बात मानते हैं और वे यह भी बताते हैं कि बिजली की धारा वस्तुतः इलेक्ट्रॉनों का प्रवाह है।

सब पदार्थ अंततः अत्यंत सूक्ष्म कणों से—इतने सूक्ष्म कणों से कि हम उन्हें कितने भी शक्तिशाली सूक्ष्मदर्शी से नहीं देख सकते—बने हैं। ये कण हैं परमाणु। पर स्वयं परमाणु और भी सूक्ष्म कणों—इलेक्ट्रॉन, प्रोटॉन, न्यूट्रॉन आदि—से बने होते हैं। परमाणु की बनावट हमारे सौरमंडल की भाँति होती है—अर्थात् उसके सूर्य रूपी नाभिक के इर्दगिर्द विभिन्न कक्षाओं में इलेक्ट्रॉन रूपी ग्रह अत्यंत तेजी से परिक्रमा करते रहते हैं। ये इलेक्ट्रॉन बहुत ही सूक्ष्म होते हैं। वास्तव में वे इतने सूक्ष्म होते हैं कि हमारे लिए उनकी सूक्ष्मता की कल्पना करना भी कठिन है। एक साधारण आदमी के लिए एक मि.मी. काफी छोटी दूरी होती है। पर इलेक्ट्रॉन एक मि.मी. के 4,00,00,00,00,000 वें भाग के बराबर होता है।

इतना सूक्ष्म होने के कारण उसका भार भी बहुत ही कम होता है—एक ग्राम का 1,00,00,00,00,00,00,00,00,00,00,00,00,000 वाँ भाग। पर इनमें भी आवेश होता है—ऋण आवेश। निश्चय ही यह आवेश बहुत ही सूक्ष्म होता है। उस नाभिक में, जिसके इर्दगिर्द इलेक्ट्रॉन परिक्रमा करते हैं, धन आवेश होता है। इस धन आवेश की मात्रा उतनी ही होती है जितनी परिक्रमा करनेवाले कुल इलेक्ट्रॉनों में ऋण आवेश की। नाभिक के धन आवेशों व इलेक्ट्रॉन के ऋण आवेशों के बराबर होने के कारण इलेक्ट्रॉन सामान्य स्थिति में परमाणु से दूर नहीं छिटकते और परमाणु स्थायी तथा आवेशहीन होता है। जब परमाणुओं को ऊष्मा जैसी ऊर्जा प्राप्त होती है तब उनके इलेक्ट्रॉन अपनी कक्षा से बाहर निकल आते हैं। सामान्य ताप पर भी परमाणु के अंदर इलेक्ट्रॉन एक कक्षा से

दूसरी कक्षा में कूदते रहते हैं। इनके परिक्रमा करने और एक कक्षा से दूसरी कक्षा में कूदने की गति भी अत्यंत तेज होती है। वे एक सेकेंड में नाभिक की पाँच सौ करोड़ बार परिक्रमा कर लेते हैं। इतने सूक्ष्म होने के बाद भी इलेक्ट्रॉन हमारे लिए अत्यंत महत्त्वपूर्ण हैं।

तॉबे या एल्यूमीनियम जैसे विद्युत् चालक पदार्थों में परमाणु इतने पास-पास स्थित होते हैं कि वे अपनी सबसे बाहरी कक्षा में परिक्रमा करनेवाले इलेक्ट्रॉनों का आपस में आसानी से विनिमय कर लेते हैं। इससे ऐसा प्रतीत होने लगता है मानो मुक्त इलेक्ट्रॉन पूरे पदार्थ में वितरित हो गए हों। इससे पदार्थ वैद्युत् रूप से उदासीन रहता है।

यह तो हुई सामान्य अवस्था की बात। अब अगर इस विद्युत् चालक पदार्थ की लंबाई पर समकोण बनाती हुई एक शक्तिशाली चुंबक को घुमाया जाए तो क्या होगा? चालक पदार्थ की बल रेखाओं को काटने लगेगा। इससे चालक के मुक्त इलेक्ट्रॉन उसके एक सिरे पर इकट्ठे हो जाएँगे। इलेक्ट्रॉनों के ऋण आवेशों के फलस्वरूप वह सिरा ऋण आवेशित हो जाएगा। पदार्थ के दूसरे सिरे के वे परमाणु, जिनसे इलेक्ट्रॉन निकल चुके हैं, ऋण आवेश से वंचित हो जाने के कारण धन आवेशित हो जाएँगे।

उक्त कार्य कुछ रासायनिक क्रियाओं में तथा पदार्थों को आपस में रगड़ने के फलस्वरूप भी होते हैं।

वैसे इसी प्रकार का प्रभाव उस समय भी पैदा हो जाता है जब चुंबक को (चुंबकीय क्षेत्र) स्थिर रखकर चालक को घुमाया जाता है।

जैसे ही चालक पर से चुंबकीय क्षेत्र को या चुंबकीय क्षेत्र में चालक को घुमाना बंद कर देते हैं, वह बल, जिसने इलेक्ट्रॉनों को चालक के एक सिरे पर इकट्ठा कर दिया था, समाप्त हो जाता है। इससे नाभिक के धन आवेश और इलेक्ट्रॉनों के ऋण

आवेश पूरे पदार्थ में फिर से फैल जाते हैं और चालक के दोनों सिरे फिर आवेशहीन हो जाते हैं।

अब कल्पना कीजिए ऐसे चालक पदार्थ की, जिसपर से चुंबकीय क्षेत्र गुजर रहा हो और उसके दोनों सिरों को एक तार द्वारा आपस में जोड़ दिया गया हो (यहाँ तुमसे केवल चुंबकीय क्षेत्र की कल्पना करने को कहा गया है, क्योंकि अब भी घरों, कारखानों आदि में प्रयुक्त होनेवाली बिजली की संपूर्ण मात्रा चुंबकीय क्षेत्र में चालक को घुमाकर ही पैदा की जाती है। रासायनिक क्रियाओं तथा अन्य तरीकों से बिजली विशेष कार्यों के लिए, अत्यंत अल्प मात्रा में, प्राप्त की जाती है)। ऐसे चालक पदार्थ के धनात्मक सिरे के इलेक्ट्रॉन-न्यून-परमाणु तार के पासवाले सिरे के परमाणुओं के इलेक्ट्रॉनों को अपनी ओर आकर्षित कर लेंगे। इस प्रकार तार के सिरे पर स्थित परमाणुओं में इलेक्ट्रॉनों की कमी हो जाएगी। निश्चय ही वे इस कमी को पूरा करने के लिए अपने निकट के (तार के) परमाणुओं से इलेक्ट्रॉनों को अपनी ओर आकर्षित करेंगे और यह क्रम उस समय तक चलता रहेगा जब तक चालक का दूसरा सिरा, जिसपर इलेक्ट्रॉनों का जमाव है, नहीं आ जाता। इस सिरे पर स्थित इलेक्ट्रॉन इस कमी को पूरा कर देंगे।

पर इस दौरान भी चालक पदार्थ पर चुंबकीय क्षेत्र बना रहता है। इसलिए चालक के धनात्मक सिरे पर फिर इलेक्ट्रॉनों की कमी आ जाती है। वे तार के निकट के सिरे के परमाणुओं से फिर से इलेक्ट्रॉन लेने लगते हैं और ये परमाणु अपने निकट के अन्य परमाणुओं से। इस प्रकार यह चक्र चलता रहता है। इस आदान-प्रदान को 'इलेक्ट्रॉनों का प्रवाह' भी कहा जा सकता है। भौतिकशास्त्रियों के अनुसार, यही विद्युत् धारा है।

बिजली चाहे आकाश में बादलों के वायु के साथ घर्षण से पैदा हुई हो अथवा प्लास्टिक के कंघे को सूखे बालों में रगड़ने से

अथवा किसी अन्य विधि से, वह सदैव ही इलेक्ट्रॉनों का प्रवाह होती है।

यद्यपि विद्युत् धारा की प्रवाह गति लगभग तीन लाख कि.मी. प्रति सेकेंड होती है, परंतु स्वयं इलेक्ट्रॉन काफी धीमी गति से चलते हैं। उनकी गति कुछ से.मी. प्रति मिनट ही होती है। वह तो इलेक्ट्रॉनों के बीच का विकर्षण बल है, जिसे प्रवाह माना जा सकता है और जो प्रकाश की गति यानी तीन लाख कि.मी. प्रति सेकेंड की गति से चलता है।

आगे हम बिजली से कुछ प्रयोगों की चर्चा कर रहे हैं। यद्यपि उच्च शक्ति की (उच्च वोल्टता की) बिजली से भी मनोरंजक प्रयोग किए जा सकते हैं, पर उन्हें करने में जोर के शॉक लगने के खतरे भी होते हैं। अतः यहाँ उन्हीं प्रयोगों की चर्चा की जा रही है, जो स्थिर विद्युत् से अथवा साधारणतः उपलब्ध सूखे सेल से किए जा सकते हैं।

□

27

नाचते हुए साबुन के बुलबुले

साबुन के पानी से बुलबुले बनाकर उड़ाना बच्चों को बहुत अच्छा लगता है। तुम चाहो तो इन बुलबुलों को मनचाहा नाच भी नचा सकते हो। इसके लिए तुम्हें चाहिए साबुन का घोल और एक छोटी काँच की नली, जिसकी मदद से तुम बुलबुले बना सको। यदि तुम साबुन के घोल में थोड़ी सी चीनी मिला दो तो बुलबुले बड़े बनते हैं और वे काफी समय तक फूटते नहीं हैं। बुलबुलों को नचाने के लिए चाहिए प्लास्टिक का एक कंघा और एक ऊनी कपड़ा।

सर्दी के दिनों में साबुन के बुलबुले अधिक समय तक बिना फूटे रहते हैं। इसलिए यह प्रयोग उन दिनों करना बेहतर होता है।

पहले साबुन के बुलबुले बना लो और उन्हें किसी मुलायम वस्तु (जैसे ऊनी कपड़ा आदि) पर गिरने दो। इससे वे फूटेंगे नहीं।

अब कंघे को ऊनी कपड़े से रगड़ लो। इससे कंघे में विद्युत् आवेश आ जाएगा। फिर जल्दी से आवेशित कंघे को किसी बुलबुले के पास ले जाओ। तुम देखते हो कि बुलबुला कंघे की ओर आकर्षित होने लगता है। इससे उसका आकार गोल न रहकर अंडाकार हो जाता है।

यदि कंघे पर बलशाली आवेश होता है तब बुलबुला ऊपर उठ जाता है। पर आवेश की तीव्रता कम होने पर वह नीचे गिर जाता है। इस प्रकार बुलबुलों के पास आवेशित वस्तु लाकर तुम उन्हें ऊपर-नीचे हरकत करा सकते हो, उन्हें नचा सकते हो।

□

28

सूखे सेल से बिजली की घंटी बजाना

आमतौर पर घरों में बिजली की घंटी उसी परिपथ से जुड़ी होती है जिससे बल्ब जलते हैं और पंखे चलते हैं। अगर किसी वजह से बिजली की धारा बंद हो जाती है (ऐसा अनेक कारणों से होता ही रहता है) तब घंटी भी काम करना बंद कर देती है। उस समय घर के अंदर से, विशेष रूप से दूसरी-तीसरी मंजिलों पर रहनेवाले व्यक्तियों को, बुलाना बहुत मुश्किल हो जाता है। ऐसे समय लोग सोचते हैं कि काश! बिजली गुल हो जाने पर भी घंटी तो कार्य करती ही रहती।

ऐसा संभव है और चाहने पर तुम भी ऐसा कर सकते हो। इसके लिए तुम्हें चाहिए बिजली की एक घंटी, दो सूखे सेल, लगभग दो मीटर लंबा कपड़ा चढ़ा ताँबे का तार, एक की।

पहले दोनों सेलों को सीरीज में जोड़ लो—एक सेल के धन टर्मिनल को दूसरे सेल के ऋण टर्मिनल से जोड़ दो। फिर दोनों सेलों के खाली टर्मिनलों पर तार के लगभग आधा-आधा मीटर के टुकड़ों के एक-एक सिरे जोड़ लो। उनमें से एक टुकड़े के दूसरे सिरे को घंटी के एक स्क्रू से जोड़ दो और दूसरे टुकड़े के दूसरे सिरे को की के एक सिरे से जोड़ दो। फिर की के दूसरे सिरे को घंटी के दूसरे स्क्रू से जोड़ दो।

अब अगर तुमने सही परिपथ बनाया है तो की के दबाने से घंटी बजनी चाहिए। यदि ऐसा नहीं होता तब परिपथ की एक बार फिर जाँच कर लो।

□

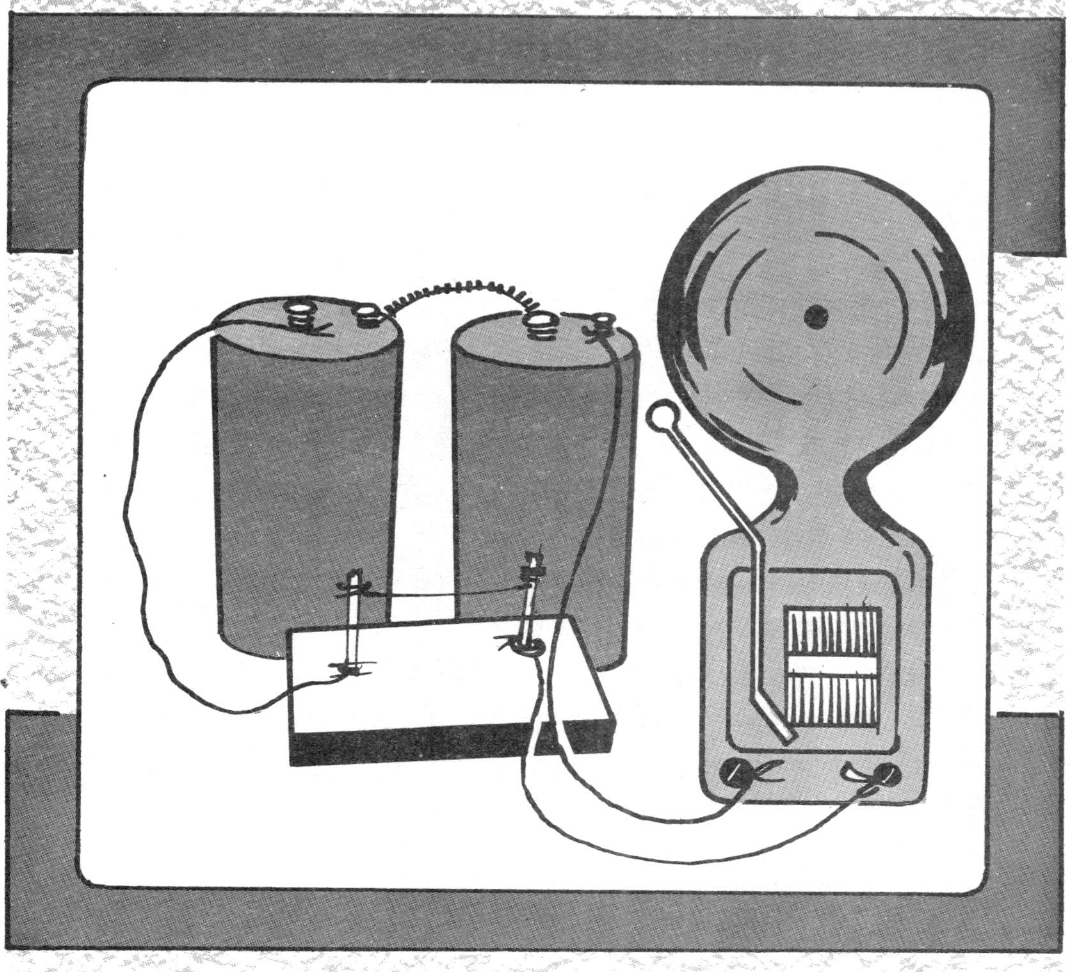

तुम स्थिर विद्युत् की चमक देख सकते हो!

तुम जानते हो कि स्थिर विद्युत् दो उपयुक्त वस्तुओं को आपस में रगड़ने से पैदा होती है; पर उसमें भी धन और ऋण आवेश होते हैं। वह भी इलेक्ट्रॉनों का प्रवाह होती है।

स्थिर विद्युत् द्वारा उत्पन्न चमक को देखना बहुत आसान काम है, विशेष रूप से उनके लिए जो बिल्ली पालते हैं। क्यों? तुम्हें मालूम है कि बिल्ली की खाल से काँच जैसी वस्तु को रगड़ने से स्थिर विद्युत् उत्पन्न हो जाती है। वैसे अन्य अनेक वस्तुओं को बिल्ली की खाल से रगड़ने पर भी स्थिर विद्युत् पैदा हो जाती है।

स्थिर विद्युत् की चमक देखने के लिए पहले अपनी बिल्ली के बाल भली प्रकार सुखा लो (बालों के गीले होने पर यह प्रयोग नहीं हो पाएगा)। फिर बिल्ली को अँधेरे कमरे में ले जाओ। वहाँ उसकी खाल पर बार-बार एक ही दिशा में हाथ फेरो—निश्चय ही तुम्हारे हाथ का भी सूखा होना जरूरी है। ऐसा करने पर तुम्हें चमक दिखाई देगी। यह चमक स्थिर विद्युत् की ही चमक है।

ऐसी चमक अनेक अवसरों पर उत्पन्न होती है; जैसे—अँधेरे में नायलॉन के वस्त्र पर हाथ फेरने पर, काँच को रेशम के कपड़े से रगड़ने पर आदि।

□

गुब्बारा दीवार पर चिपका रहे, गिरे नहीं

तुम जानते हो कि गरमी के दिनों में जब तुम्हारे बाल एकदम सूखे होते हैं तब उनमें कंघा करने से कंघे पर बहुत हलका विद्युत् आवेश आ जाता है। उस आवेश के फलस्वरूप कंघे पर कागज के छोटे-छोटे टुकड़े आदि चिपक जाते हैं।

तुम यह भी जानते हो कि जिस प्रकार कंघे को बालों के साथ रगड़ने से विद्युत् उत्पन्न हो जाती है, उसी प्रकार अन्य कई कुचालक वस्तुओं जैसे ऊनी कपड़ा, रबर, फ्लेनल, काँच का दंड आदि को आपस में रगड़ने से भी उनमें विद्युत् आवेश उत्पन्न हो जाता है। इस प्रकार उत्पन्न आवेश की मदद से अनेक मनोरंजक प्रयोग किए जा सकते हैं। ऐसा ही एक प्रयोग है खड़ी दीवार पर गुब्बारा चिपकाना।

इसके लिए तुम्हें चाहिए केवल रबर का एक गुब्बारा। गुब्बारे में हवा भरकर उसका मुँह बंद कर दो। फिर उसे अपने वस्त्र से रगड़ लो। अगर गुब्बारे को किसी ऊनी वस्त्र के साथ रगड़ो तब बेहतर परिणाम प्राप्त होंगे। रगड़ने के बाद गुब्बारे को खड़ी दीवार के साथ सटा दो। वह दीवार से चिपक जाता है। इसी प्रकार पेंसिल को किसी कागज पर रगड़कर कागज को भी दीवार से चिपकाया जा सकता है।

तुम समझ ही गए होगे कि आवेशित गुब्बारे या कागज को दीवार के पास लाने से पहले उन्होंने दीवार में विपरीत किस्म का आवेश प्रेरित किया और फिर उसकी ओर आकर्षित हो गए। □

बिजली के बल्ब के अंदर क्या होता है?

तुम जानते हो कि बटन दबाने पर बिजली के बल्ब के अंदर लगा फिलामेंट चमकने लगता है। वह इतनी तीव्रता से चमकता है कि उसका प्रकाश पूरे कमरे में फैल जाता है। तुम यह भी जानते हो कि बल्ब की शक्ति (वाटेज) जितनी अधिक होती है उसका फिलामेंट भी उतना ही अधिक चमकता है और उतना ही अधिक प्रकाश प्रदान करता है।

बटन दबाते ही फिलामेंट किस प्रकार प्रकाश प्रदान करने लगता है, यह तुम एक सरल प्रयोग की मदद से आसानी से समझ सकते हो। इस प्रयोग के लिए तुम्हें चाहिए लगभग बीस से.मी. लंबा लोहे का पतला तार, एक मोटा कपड़ा और एक मोमबत्ती। मोमबत्ती के स्थान पर तुम गैस स्टोव अथवा कोयला जलानेवाली अँगीठी का भी इस्तेमाल कर सकते हो।

पहले तार के एक सिरे पर एक छल्ला बना लो। उसके दूसरे सिरे को मोटे कपड़े से पकड़कर छल्ले को मोमबत्ती की लौ या गैस स्टोव अथवा जलती हुई अँगीठी पर गरम करो। गरम करने पर पहले तार लाल होगा और अधिक गरम होने पर सफेद हो जाएगा। उस समय वह चमकने भी लगेगा।

अगर तार बहुत पतला है तब वह अधिक गरम करने पर पिघल भी सकता है। बल्ब का फिलामेंट भी निकिल अथवा टंगस्टन की किसी मिश्रधातु का एक पतला तार होता है (ये धातुएँ, विशेष रूप से टंगस्टन, बहुत महँगी हैं और इनके तार आसानी से उपलब्ध नहीं होते। इसलिए तुम्हें अपना प्रयोग लोहे के तार के साथ करने की ही बात सुझाई गई है)। विद्युत् के एक नियम के अनुसार चालक की मोटाई जितनी कम होती है और लंबाई जितनी अधिक होती है बिजली की धारा को प्रवाहित होने में उतना ही प्रतिरोध का सामना करना पड़ता है। प्रतिरोध जितना अधिक

होता है उतनी ही अधिक ऊष्मा पैदा होती है। दूसरे शब्दों में, फिलामेंट का तार जितना पतला व लंबा होगा, वह उतना ही अधिक गरम होगा और उतनी ही अधिक रोशनी प्रदान करेगा। इसीलिए बल्बों में, विशेष रूप से अधिक वाटेज के बल्बों में, फिलामेंट पतले तार की कुंडली (कॉयल) के रूप में लगाया जाता है।

बल्ब के भीतर ऑक्सीजन मौजूद नहीं रहती। उसमें या तो निर्वात होता है अथवा कोई दुर्लभ (रेयर) गैस भरी होती है। इसीलिए फिलामेंट पिघलता नहीं।

□

32

क्या द्रवों में से विद्युत् धारा प्रवाहित हो सकती है?

हाँ! ठोस चालकों जैसे ताँबा, लोहा, एल्यूमीनियम, चाँदी आदि की भाँति कुछ द्रवों में से भी विद्युत् धारा प्रवाहित हो सकती है। पर ठोस में से विद्युत् धारा के प्रवाहित होने से उनमें कोई रासायनिक परिवर्तन नहीं होता, जबकि द्रव में से प्रवाहित होते समय विद्युत् धारा उनमें रासायनिक परिवर्तन पैदा कर देती है। (इस बारे में पारा अपवाद है। पारा ही एक ऐसी धातु है जो साधारण ताप पर द्रव रूप में होती है। उसमें से विद्युत् धारा उसी प्रकार प्रवाहित हो जाती है जैसे ताँबे या लोहे में से होती है।)

तुम एक सरल प्रयोग द्वारा यह ज्ञात कर सकते हो कि किसी द्रव में से विद्युत् धारा प्रवाहित हो सकती है अथवा नहीं। वैज्ञानिक ऐसे द्रवों को 'विद्युत् अपघट्य' (इलेक्ट्रोलाइट) कहते हैं। इनमें से अधिकांश द्रव किसी ठोस पदार्थ के जलीय घोल होते हैं। इनमें से जब धारा प्रवाहित होती है तब वे विघटित होकर धनायनों (धन आवेशित आयनों) और ऋणायनों (ऋण आवेशित आयनों) में परिवर्तित हो जाते हैं। अनेक बार ये आयन किसी अन्य विपरीत आवेश के आयन से मिलकर एकदम नए रासायनिक पदार्थ भी बना लेते हैं। जैसे सोडियम क्लोराइड (साधारण नमक) के जलीय घोल में विद्युत् प्रवाहित करने पर वह सोडियम (धनायन) और क्लोरीन (ऋणायन) के आयनों में विघटित हो जाता है। पर सोडियम आयन पानी के विघटन से उत्पन्न हाइड्रोक्सिल आयन (OH^-) से रासायनिक रूप से संयोग करके सोडियम हाइड्रोक्साइड (कास्टिक सोडा) बना लेता है।

पर हम तो प्रयोग की चर्चा कर रहे थे। आओ, उसी चर्चा को जारी रखें। इस प्रयोग के लिए तुम्हें चाहिए तीन सूखे सेल, टॉर्च का एक बल्ब और होल्डर, लगभग दो मीटर लंबा कपड़ा चढ़ा ताँबे का पतला तार, काँच का चौड़े मुँहवाला एक बरतन तथा नमक, चीनी, सोडा, सिरका जैसे पदार्थ, जिनके साथ तुम्हें प्रयोग करने हैं और पानी।

पहले जिन पदार्थों के साथ प्रयोग करने हैं उनके अलग-अलग बरतनों में जलीय घोल

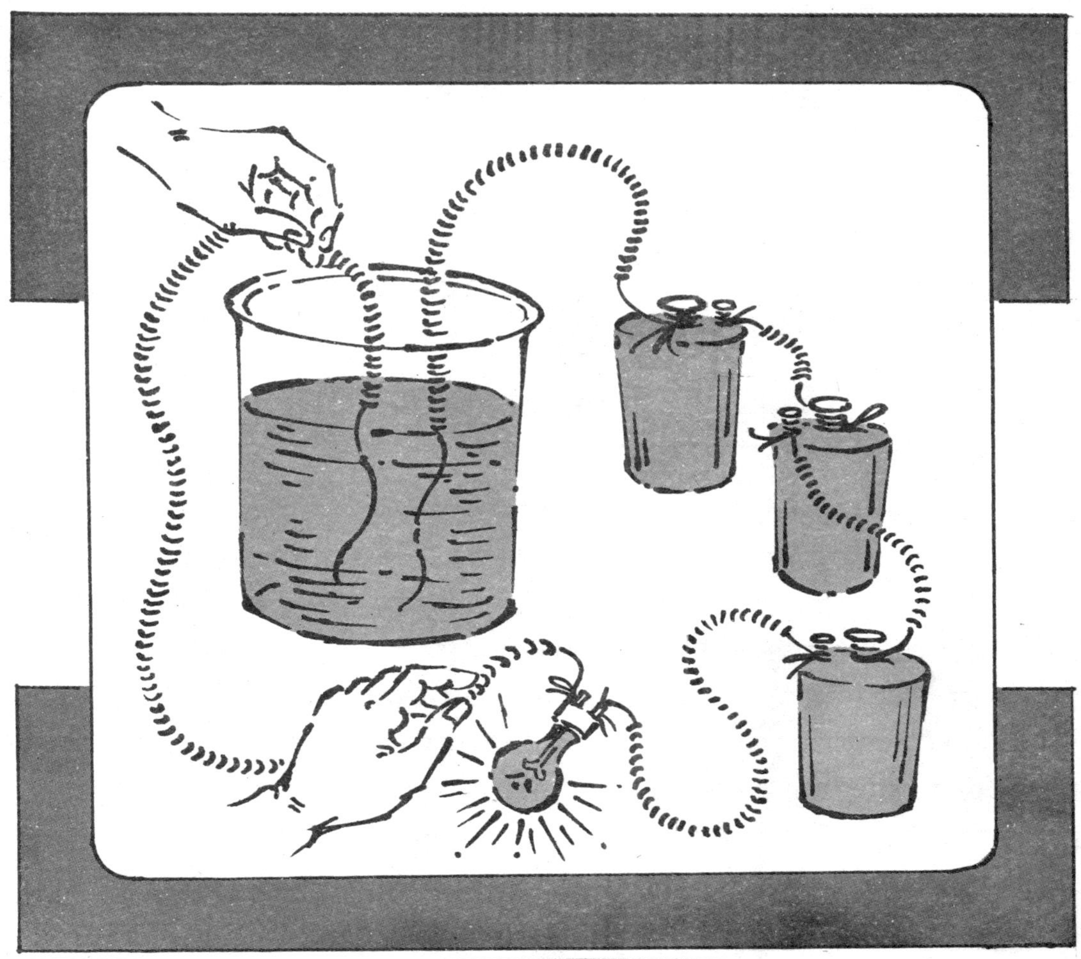

तैयार कर लो। फिर तीनों सूखे सेलों को सीरीज में जोड़ लो। एक सिरे के सेल के टर्मिनल को बल्ब के होल्डर के एक सिरे से जोड़ दो। होल्डर के दूसरे सिरे पर तार के एक टुकड़े के सिरे को जोड़ दो। तार के दूसरे सिरे से कपड़ा हटाकर उसे नंगा कर लो।

दूसरे सिरे के सेल के खाली टर्मिनल पर भी तार के टुकड़े का एक सिरा जोड़ दो। उस टुकड़े के दूसरे सिरे से भी कपड़ा हटाकर उसे नंगा कर लो।

अब इन दोनों नंगे सिरों को उस घोल में डुबो दो जिसके साथ प्रयोग करना है। अगर तुमने परिपथ सही प्रकार से बनाया है तब वह साथ के चित्र के अनुसार दिखेगा।

यदि घोल में से विद्युत् धारा प्रवाहित हो रही है तब परिपथ पूरा हो जाएगा और बल्ब जल उठेगा, अन्यथा नहीं। □

33

विद्युत् परिपथ में फ्यूज का योग

जब बिजली एकाएक चली जाती है तब लोग अकसर ही कह उठते हैं, 'फ्यूज उड़ (जल) गया होगा।' कुछ लोग यह समझते हैं कि घरों में (दफ्तरों और कारखानों में भी) बिजली के परिपथ में लगा फ्यूज एक बेकार की चीज होता है, जो अकसर—विशेष रूप से उस समय जब हीटर या ब्लोयर अथवा एयरकंडीशनर जैसी युक्ति चालू की जाती है—जलकर बिना वजह झंझट पैदा कर देता है। पर वास्तव में तथ्य कुछ और है। फ्यूज बेचारा तो खुद अपनी आहुति देकर (जलकर) हमारे बिजली के महँगे उपकरणों को जलने से बचा लेता है और अनेक बार बिजली के शॉर्ट सर्किट के कारण आग तक लग जाने की संभावना को रोक देता है। वह हमारे लिए बहुत उपयोगी होता है। इसलिए बिजली के हर शक्तिशाली उपकरण के साथ उसे जरूर लगाना चाहिए।

विद्युत् परिपथ में फ्यूज की उपयोगिता को दर्शाने के लिए तुम भी एक प्रयोग कर सकते हो। तुम्हारे लिए घरों में इस्तेमाल की जानेवाली बिजली की धारा के साथ प्रयोग करना हानिकारी और यहाँ तक कि जानलेवा भी हो सकता है। इसलिए हम तुम्हें उस प्रयोग के बारे में बताएँगे जिसे तुम सूखे सेलों की मदद से, झटके लगने के खतरे के बिना आसानी से कर सकते हो।

इस प्रयोग के लिए तुम्हें चाहिए छह वोल्ट के तीन सूखे सेल, लगभग चार मीटर लंबा कपड़ा चढ़ा बिजली का तार (लगभग चौबीस गेज का ताँबे का तार), एक की, फ्यूज तार, कच्चे लोहे का एक बोल्ट जिसे विद्युत् चुंबक में बदला जा सकता है, एक कॉर्क, दो कीलें और कुछ पेपर क्लिप।

अगर इसको भी विद्युत् चुंबकों के प्रयोगों से संबंधित कर दिया जाए तो इसे बेहतर तरीके

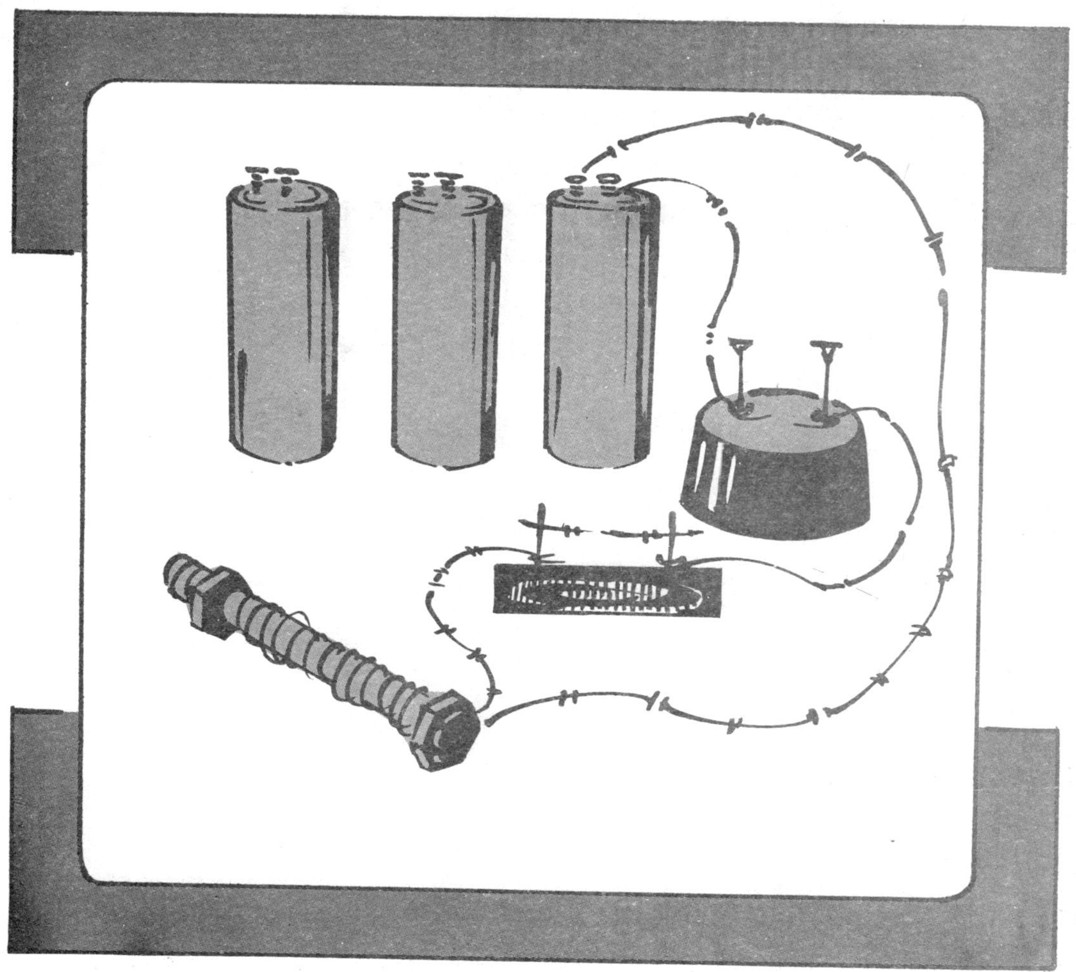

से समझा जा सकता है।

पहले एक सूखे सेल के साथ दो संशोधनों सहित वैसा ही परिपथ बना लो जिसके बारे में 'विद्युत् चुंबक के ध्रुव बदलने' के प्रयोग में तुमने पढ़ा है। ये संशोधन हैं—की लगाना और कॉर्क पर दो कीलें फँसाकर उनमें फ्यूज तार बाँधना (साथ का चित्र देखो)।

की दबाकर परिपथ चालू कर दो। यह जाँचने के लिए कि परिपथ सही प्रकार से कार्य कर रहा है या नहीं, विद्युत् चुंबक के पास एक-दो पेपर क्लिप ले जाओ। अगर क्लिप उसकी ओर आकर्षित हो जाती हैं तब जान लो कि परिपथ सही प्रकार से कार्य कर रहा है।

अब परिपथ में दूसरा सेल जोड़ दो। देखो कि फ्यूज की क्या हालत है। वह पहले से अधिक गरम हो गया? फिर परिपथ में तीसरा सेल भी जोड़ दो। अब फ्यूज को देखो। वह और अधिक गरम होकर लाल हो गया है अथवा जल गया है।

उसके जल जाने से परिपथ टूट जाता है। यदि वह जलकर नहीं टूटता तो हो सकता था कि बिजली का तार बहुत अधिक गरम हो जाता या कोई अन्य हानि हो जाती।

□

34

साबुन के पानी के बड़े-बड़े बुलबुले

साबुन के पानी के बुलबुले बनाना और उन्हें उड़ाना बच्चों को बहुत अच्छा लगता है। यह उनका एक प्रिय खेल है। पर बुलबुले छोटे-छोटे बनते हैं और वे जल्दी फूट जाते हैं। अकसर बच्चे चाहते हैं कि वे बड़े-बड़े ऐसे बुलबुले बना सकें जो काफी समय तक हवा में उड़ते रहें। ऐसा करने के लिए तुम्हें चाहिए साबुन का थोड़ा सा घोल, थोड़ी सी चीनी और एक पतला तार।

पहले साबुन के घोल में चीनी घोल लो। साबुन के घोल में चीनी मिलाने से बुलबुले जल्दी नहीं फूटते। वे मजबूत बनते हैं।

अब तार को एक काँच की बोतल के ऊपर लपेटकर उसका एक गोल छल्ला बना लो। फिर उस छल्ले को घोल में डुबो दो और बहुत सावधानी से निकालो। यदि तुमने छल्ले को सावधानीपूर्वक निकाला है तब उसमें साबुन के घोल की पतली परत मौजूद होनी चाहिए। यदि ऐसा नहीं होता तब छल्ले को फिर से घोल में डुबोकर सावधानीपूर्वक निकालो। धीरे-धीरे छल्ले को अपने मुँह के एकदम सामने ले आओ और परत के बीच में धीरे से फूँक मारो। इससे परत धीरे-धीरे थैली का आकार ले लेगी। अंत में उसका पिछला हिस्सा अलग होकर एक बहुत बड़ा बुलबुला बन जाएगा।

अगर तुम ऐसे बुलबुले बना लेने में निपुण हो जाओ तब तुम और बड़ा बुलबुला भी बना सकोगे। उसका तरीका हम तुम्हें बताते हैं।

इसके लिए अपनी मुट्ठी बंद करके घोल में डुबो दो और अपनी अँगुलियों को मोड़ो। तर्जनी (पहली अँगुली) से अँगूठे के ऊपरी सिरे को छुओ। इससे प्रथमा अँगुली और अँगूठे के बीच एक छल्ले की आकृति बन जाती है।

अब हाथ को धीरे से सावधानीपूर्वक निकालो। अँगुली और अँगूठे से बने छल्ले में साबुन की एक पतली परत आ जाती है। धीरे-धीरे इस छल्ले को एकदम मुँह में सामने ले आओ। इस समय तुम्हारी हथेली ऊपर की ओर तथा सबसे छोटी अँगुली तुम्हारे मुँह से दूर रहनी चाहिए। इस स्थिति में अगर तुम साबुन की परत में धीरे से फूँक मारोगे तब काफी बड़ा बुलबुला बन जाएगा। □

35

पहलवानों को चुनौती

खेलकूद प्रतियोगिताओं में आमतौर पर ताकतवर आदमियों को अपनी ताकत के जौहर दिखाने के अवसर दिए जाते हैं। इसके लिए उनमें आपस में कुश्ती कराई जाती है या उन्हें अधिक-से-अधिक भार उठाने की चुनौती दी जाती है। ऐसी ही चुनौती हम भी भार उत्तोलकों को देना चाहते हैं। चाहो तो तुम भी ऐसी चुनौती अपने दोस्तों को, विशेष रूप से स्वयं को बलवान् समझनेवाले दोस्तों को, दे सकते हो। इसके लिए तुम्हें भारी वजनवाले उपकरण नहीं लाने पड़ेंगे। तुम्हें तो चाहिए सिर्फ जिल्दवाली एक मोटी पुस्तक और लगभग डेढ़ मीटर लंबा पक्का धागा।

धागे को पुस्तक पर एक बार इस प्रकार लपेटो कि दोनों सिरों पर धागे की बराबर लंबाई बची रहे और पुस्तक बहुत कसकर न लपेटी गई हो। साथ ही धागे में पुस्तक से कुछ ऊपर एक गाँठ लगा दो (चित्र के अनुसार)। अब अपने दोस्त से कहो कि वह धागे के दोनों सिरों को पकड़कर, उन्हें खींचकर एक सरल (क्षैतिज) रेखा में कर दे।

हो सकता है कि तुम्हारा दोस्त कहे, 'यह तो बहुत सरल काम है। लो, इसे अभी किए देता हूँ।'

वह दोनों सिरों को पकड़कर उन्हें कसकर खींचेगा। पर यह क्या? वह सिरों को कितने भी जोर से खींचता है, परंतु पुस्तक है कि नीचे ही लटकी रह जाती है। पूरा बल लगाकर धागे के दोनों सिरे को खींचने पर भी धागा एक सरल रेखा में नहीं आ पाता। क्यों? क्या तुम्हारा दोस्त पर्याप्त बल नहीं लगा पा रहा? नहीं! उसकी गलती नहीं है। ऐसा भौतिकी के एक नियम के अनुसार होता है। धागे के दोनों हिस्सों के बीच का कोण जितना अधिक होगा, पुस्तक को सँभाले रखने में उतना ही अधिक बल लगाना पड़ेगा। तुम्हारे दोस्त को धागे के दोनों सिरों के बीच 180°

का कोण बनाना है (उसी समय दोनों हिस्से एक सरल रेखा में हो पाएँगे)। इसलिए बहुत अधिक बल लगाने की जरूरत होगी। तुम्हारा दोस्त उतना अधिक बल नहीं लगा सकता।

36

मंत्रसिद्ध पानी

बचपन में हमने एक 'जादू' देखा था। 'जादूगर' (जादू जैसे करतब दिखानेवाला व्यक्ति) ने मेज पर रंगीन द्रव से भरी काँच की एक बोतल रखी, जिसके मुँह पर रबर का स्टॉपर लगा था और जिसमें एक काँच की नली घुसी हुई थी। काँच की नली का निचला भाग काफी दूर तक द्रव में डूबा हुआ था, जबकि उसका ऊपरी भाग स्टॉपर से बाहर निकला हुआ था। जादूगर उस बोतल को दिखाकर दर्शकों को संबोधित कर रहा था कि उसके मंत्र पढ़ने से बोतल में भरा द्रव अपने आप बाहर निकलने लगेगा। जब उसने बोतल को अपनी दोनों हथेलियों से दबाकर 'मंत्र' पढ़ा तो सचमुच नली में से द्रव बाहर गिरने लगा।

बाद में अपने शिक्षक से पूछने पर पता चला कि 'जादूगर' ने न तो कोई जादू किया था और न मंत्र जपा था। उसने जो कुछ दिखाया वह एक सरल प्रयोग था। वह भौतिकशास्त्र के एक बहुत प्रसिद्ध सिद्धांत 'गरमी पाकर द्रव फैलते हैं' पर आधारित था।

चाहो तो तुम भी इस सरल प्रयोग को कर सकते हो।

इसके लिए तुम्हें चाहिए पतले काँच की एक बोतल, उसके मुँह पर सही-सही फिट हो सकनेवाला रबर का एक स्टॉपर, बोतल की ऊँचाई के लगभग पंद्रह से.मी. बड़ी काँच की नली और पानी में घुलनेवाला रंग। इस रंग की जगह तुम स्याही का भी इस्तेमाल कर सकते हो। पानी तो हर घर में मौजूद रहता ही है।

अगर मोटे काँचवाली बोतल लोगे तब तुम्हारा प्रयोग उतना सफल नहीं होगा जितना पतले काँचवाली बोतल के साथ। इसका कारण यह है कि काँच के मोटे होने पर तुम्हारी हथेलियों की गरमी पानी तक उतनी मात्रा में नहीं पहुँच पाएगी जितनी पतले काँच में से पहुँचती है।

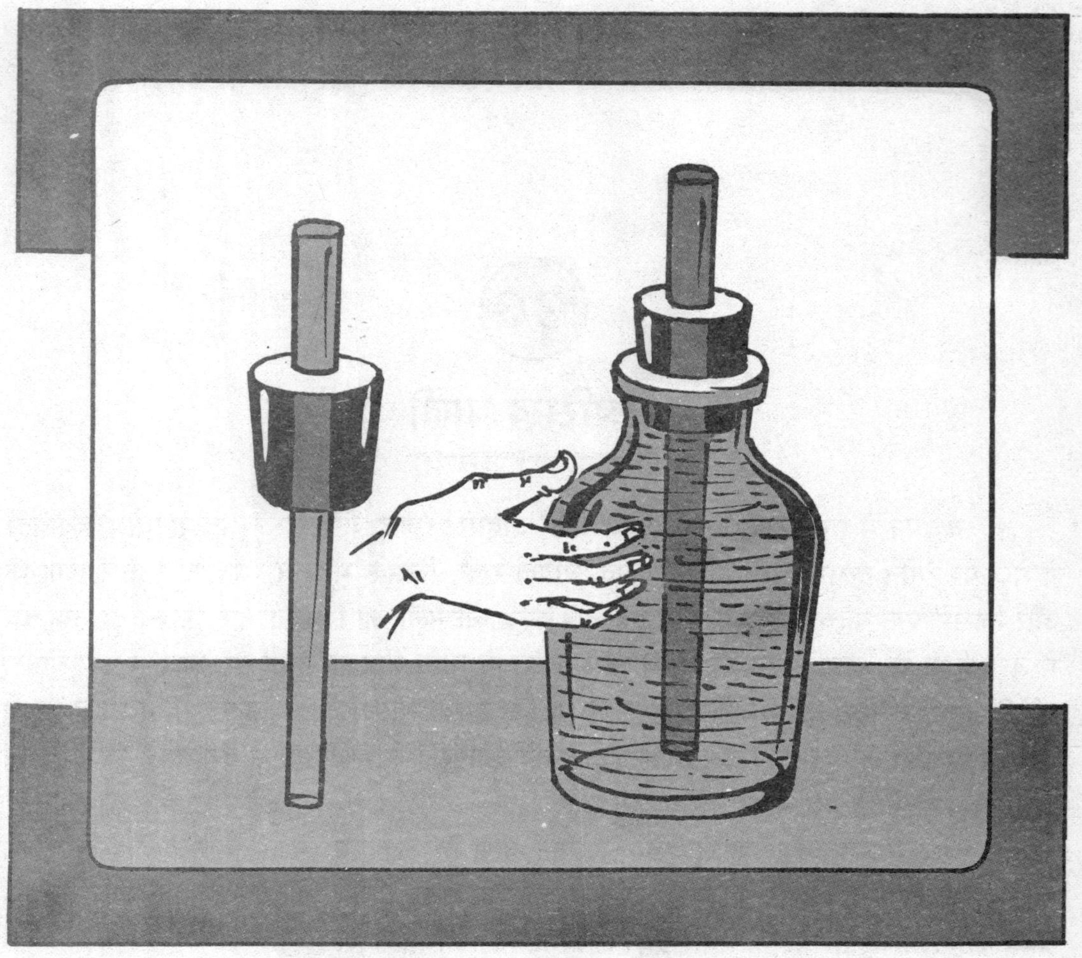

पहले बोतल को पूरा पानी से भर लो और पानी में रंग मिला दो। फिर स्टॉपर में इतना बड़ा छेद कर लो कि उसमें से काँच की नली एकदम सटकर ही निकल सके। अब स्टॉपर में से नली इस प्रकार निकालो कि नली का अधिकांश भाग नीचे की ओर रहे और स्टॉपर को बोतल के मुँह पर लगा दो। ऐसा करते समय यह ध्यान रखो कि नली का निचला सिरा बोतल की तली से सटे नहीं, उससे कुछ ऊपर रहे।

ऐसा करने पर तुम देखोगे कि पानी नली में भी कुछ दूरी तक भर जाता है।

अब बोतल को अपनी दोनों हथेलियों के बीच दबा लो। कुछ मिनट इस प्रकार दबाए

रहने पर तुम पाते हो कि नली के ऊपरी सिरे से पानी बाहर निकलने लगा।

बोतल को पकड़ने से पहले अगर तुम अपनी हथेलियों को हीटर आदि से गरम कर लो तब यह प्रयोग जल्दी और बेहतर तरीके से हो जाता है। पानी के नली से बाहर निकलने का कारण यह है कि तुम्हारी हथेलियों से काँच को कुछ गरमी मिलती है और इस गरमी का कुछ भाग बोतल में भरे पानी तक पहुँच जाता है। इससे वह फैलने लगता है। बोतल के पूरी तरह से भरी होने पर पानी को फैलने के लिए नली ही मिलती है। वह उसमें ऊपर चढ़ने लगता है और समा न पाने के कारण बाहर निकलने लगता है।

जब तुम अपनी हथेलियों को हीटर से गरम कर लेते हो तब पानी को अपेक्षाकृत अधिक मात्रा में गरमी मिलती है। इससे वह जल्दी तथा अधिक मात्रा में फैलने लगता है।

□

दस के मुकाबले एक अकेला

एक के मुकाबले दो आदमी लड़ रहे हों तब तुम अचानक ही कह उठते हो, 'यह सरासर अन्याय है। एक का मुकाबला एक से ही होना चाहिए, दो से नहीं।' पर हम तो एक (आदमी) का मुकाबला दस (आदमियों) से कराना चाहते हैं और वह 'एक' तुम भी हो सकते हो और हमें विश्वास है कि जीत तुम्हारी ही होगी। हमारी बात पर तुम्हें चाहे विश्वास न हो, पर हमें तो पूरा भरोसा है कि दस आदमी मिलकर भी तुम्हारा कुछ नहीं बिगाड़ पाएँगे।

इस मुकाबले के लिए तुम्हें किसी तैयारी की जरूरत नहीं होगी—केवल अपने दस दोस्तों को बुलाना पड़ेगा।

तुम किसी दीवार पर अपने एक हाथ को भलीभाँति टिकाकर खड़े हो जाओ और अपने दसों दोस्तों से कहो कि वे एक के पीछे एक खड़े होकर अपने एक हाथ से अपने आगेवाले लड़के को धकेलें। इस प्रकार वे सब मिलकर तुम्हें धकेल रहे हैं। पर तुम्हें केवल एक ही लड़के (तुम्हारे पीछे खड़े लड़के) का धकेलना महसूस होता है और तुम सब लड़कों के धकेलने को आसानी से सँभाल लेते हो।

आखिर इसका रहस्य क्या है? कोई भी व्यक्ति अपनी क्षमता से अधिक बल नहीं लगा सकता। इस प्रकार पीछेवाले लड़के द्वारा बहुत जोर से धकेले जाने के बाद भी वह अपने आगेवाले लड़के को अपने बल की क्षमता के अनुसार ही धकेल सकता है। यानी तुम्हारे ऊपर केवल तुमसे एकदम पीछेवाले लड़के का ही बल लग रहा है, उसके पीछेवाले लड़कों का नहीं। तुम अपने एकदम पीछेवाले लड़के द्वारा लगाए जानेवाले बल को आसानी से सह सकते हो।

□

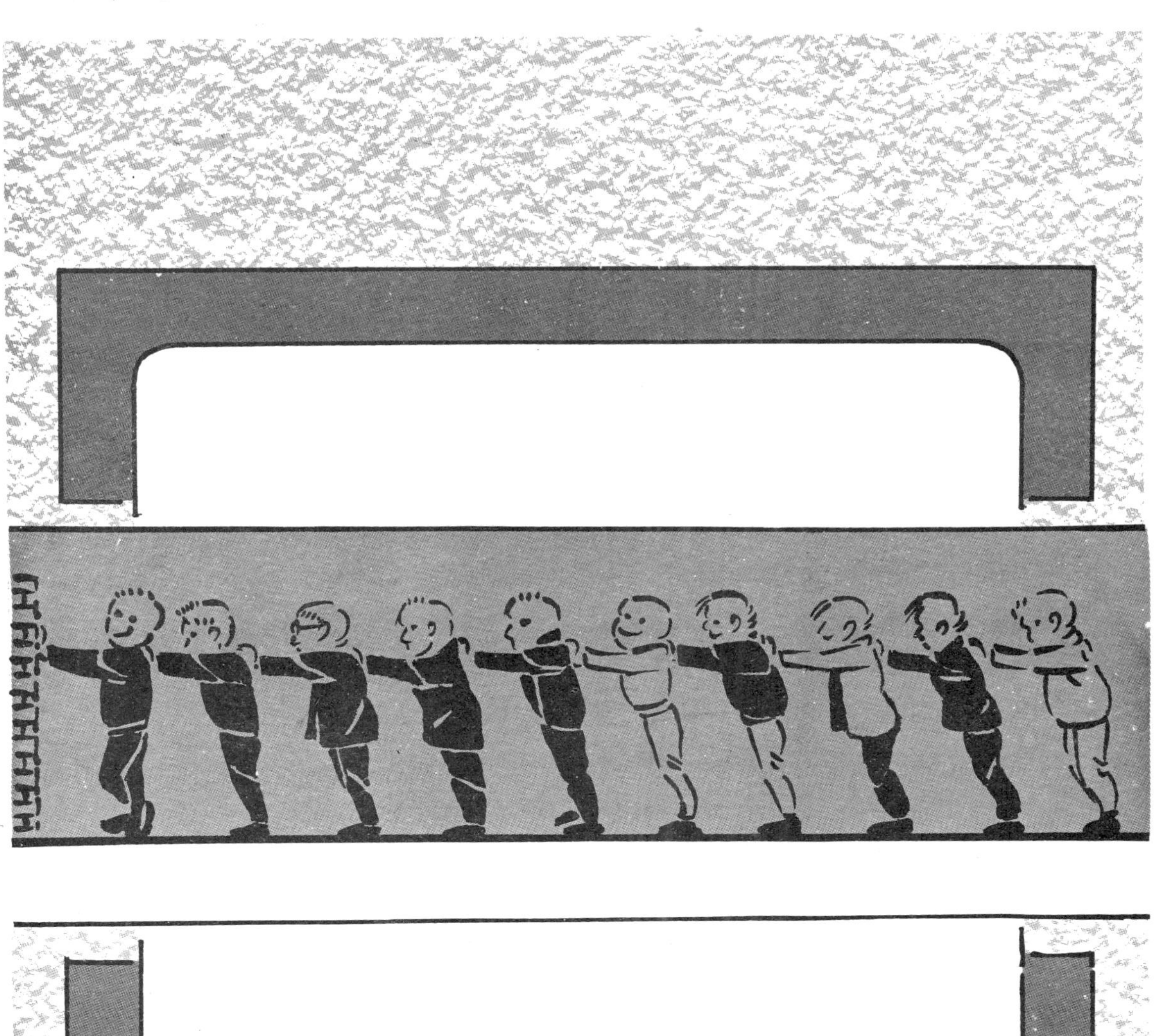

38

कागज बहुत मजबूत होता है

साधारण कागज—जिसपर तुम लिखते हो—को तुम आसानी से फाड़ लेते हो। यदि कुछ गलत लिखा जाता है तब तुम कागज को फाड़कर फेंक देते हो। तुम समझते हो कि कागज मजबूत नहीं होता और वह बहुत कम वजन सह सकता है। पर वास्तव में बात ऐसी नहीं है। तुम कागज की पोली नली जैसी आकृति बनाकर उसपर कई किलोग्राम का वजन रख सकते हो। ऐसा करने के लिए तुम्हें चाहिए कागज की एक शीट और कुछ मोटी-मोटी पुस्तकें।

पहले कागज को बेलनाकार नली के रूप में लपेट लो। फिर उसपर रबर का एक बैंड चढ़ा दो, जिससे उसकी तहें खुलें नहीं। अब उसे मेज जैसी किसी सपाट सतह पर खड़ा कर दो और उसके ऊपर एक किताब सावधानीपूर्वक रखो। बाद में धीरे-धीरे सावधानी से पुस्तकों की संख्या बढ़ाते जाओ। तुम पाते हो कि कागज की बनी नली कई पुस्तकों का वजन आसानी से सह जाती है।

यदि तुमने कागज को आड़े रूप में लपेटा है तब अगली बार कागज को लंबाई के रूप में लपेटो और मालूम करने की कोशिश करो कि कागज किस प्रकार लपेटने पर अपेक्षाकृत अधिक वजन सह पाता है।

☐

39

बर्फ की सिल्ली को उठाना

बच्चो! अनेक बार तुम लोग आपस में ऐसे खेल खेलते हो जिनमें कुछ सूझ-बूझ, कुछ साहस और कुछ मेहनत की जरूरत होती है। तुममें से जो शारीरिक रूप से अधिक बलवान् होते हैं वे ऐसे खेल अधिक पसंद करते हैं जिनमें उछल-कूद, भाग-दौड़ आदि करनी पड़ती है। पर उन खेलों को सब बच्चे पसंद करते हैं जिनमें दिमाग पर अधिक जोर देना पड़ता है और शारीरिक बल कम लगाना पड़ता है। ऐसा ही एक खेल जिसे बच्चे आपस में खेलना बहुत पसंद करते हैं, वह है पानी के बरतन में रखी बर्फ की सिल्ली को एक हाथ से उठाना। वैसे इस खेल को सर्दी की बजाय गरमी में खेलना बेहतर होता है। क्यों? इसका उत्तर तुम स्वयं आसानी से दे सकते हो। यह खेल इस प्रकार है।

पानी से भरे एक बरतन में तैर रही बर्फ की एक सिल्ली को एक हाथ से उठाना। सिल्ली को उठाने के लिए तुम्हारे पास केवल एक धागा है और उसकी लंबाई भी इतनी नहीं है कि उससे सिल्ली को बाँधा जा सके।

तुम्हारे साथी सिल्ली उठाने की बहुत कोशिश करते हैं, पर सफल नहीं हो पाते। तुम भी असफल रहते हो। आओ, अब हम तुम्हें उसी छोटे से धागे की मदद से एक हाथ से ही सिल्ली को उठाने की तरकीब बताएँगे। पर इस तरकीब के लिए तुम्हें थोड़े से नमक की भी जरूरत होगी।

पहले धागे के एक सिरे को भली प्रकार गीला कर लो। उसे बर्फ की सिल्ली पर रखो और उसपर नमक छिड़क दो। ऐसा करने से थोड़ी सी बर्फ पिघल जाएगी। पर कुछ मिनट बाद बर्फ के पिघलने से बना पानी फिर से जम जाएगा। पानी के फिर से जमने के फलस्वरूप धागा भी बर्फ में जम जाएगा। अब धागे के दूसरे सिरे को ऊपर उठाने पर बर्फ की सिल्ली भी उसके साथ ऊपर उठ आएगी। □

40

सिक्का कहाँ गिरेगा

एक बार दो दोस्तों में आपस में शर्त लग गई। शर्त यह थी कि एक गिलास के मुँह पर रखे एक कार्ड के ऊपर रखा सिक्का कार्ड को जल्दी से खींचने पर कहाँ गिरेगा। एक दोस्त कहता था कि वह कार्ड के साथ ही खिंच जाएगा, जबकि दूसरे का कहना था कि वह गिलास में गिरेगा। क्या तुम बता सकते हो कि कौन सा व्यक्ति शर्त जीतेगा—पहला या दूसरा?

बेहतर होगा कि इस प्रयोग को करके देख लें। इस प्रयोग के लिए चाहिए एक गिलास, ताश का एक पत्ता और एक सिक्का। गिलास के मुँह पर ताश का पत्ता रखकर उसपर सिक्का रख दो। अब पत्ते के सिरे पर तेजी से चुटकी मारो। तुम देखते हो कि पत्ता तेजी से सरककर नीचे गिर जाता है, पर सिक्का गिलास में ही गिरता है। क्यों?

इसका कारण जड़त्व है। सिक्का अपनी स्थिति बदलना नहीं चाहता। वह उसी स्थिति में, जिसमें वह पहले था, रहना चाहता है। पर पत्ते के सरक जाने से वह आधार ही हट गया जिसपर वह स्थित था। इसलिए मजबूरन उसे गुरुत्वाकर्षण के नियम के अनुसार गिलास में गिरना ही पड़ा।

□

41

कौन ज्यादा मजबूत है : बाल या लकड़ी की डंडी

उपर्युक्त शीर्षक पढ़ते ही अधिकांश बच्चे कह उठेंगे—लकड़ी की डंडी बाल से अधिक मजबूत होती है और अगर बाल हमारे सिर का हो तब तो निश्चय ही लकड़ी की डंडी मजबूत होगी। पर हो सकता है कि कुछ बच्चे इस बात से सहमत न हों। तब? प्रयोग करके देख लें।

बेहतर होगा कि इस प्रयोग के लिए लंबे-लंबे बाल लिये जाएँ। महिलाओं के बाल पुरुषों की तुलना में अधिक लंबे होते हैं। इसलिए उनके बाल लेना बेहतर होगा।

दो लंबे बाल लेकर लकड़ी की एक पतली डंडी के दोनों सिरों पर एक-एक बाल बाँध दो। बालों के दूसरे सिरों को एक ऊँची कील या पटिया से बाँध दो। इस प्रकार बालों और लकड़ी की डंडी से एक झूला बन जाएगा।

अब लकड़ी की एक अन्य भारी पटिया अथवा धातु की कोई ऐसी वस्तु जिसकी एक बाजू पतली हो, लो और उससे लकड़ी की डंडी के बीच में झटके से चोट मारो। ऐसा करने पर तुम पाते हो कि लकड़ी की डंडी चोट लगने के स्थान से टूट जाती है, पर बाल नहीं टूटते। क्यों? इसका कारण भी जड़त्व है। लकड़ी की डंडी अपने स्थान से हिलने की बजाय टूटना अधिक पसंद करती है।

□

साबुन भगाए, चीनी पास बुलाए

हो सकता है कि यह शीर्षक पढ़कर कुछ बच्चे आश्चर्य करने लगें। यह कैसी पहेली है कि साबुन किसी वस्तु को दूर भगा देता है, जबकि चीनी उसी वस्तु को अपनी ओर आकर्षित कर लेती है। पर यह बात एकदम सच है और चाहो तो ऐसा तुम भी कर सकते हो।

इसके लिए तुम्हें चाहिए माचिस की कुछ तीलियाँ, साबुन का एक टुकड़ा और थोड़ी सी चीनी। अगर चीनी के स्थान पर मिस्री ले लेते हो तो बेहतर है। पानी हर घर में मौजूद रहता ही है।

पानी से भरे कटोरे में पहले माचिस की तीलियों को एक वृत्त के रूप में जमा दो। वे पानी पर इसी आकार में तैरती रहेंगी। अब इस वृत्त के केंद्र में साबुन के टुकड़े से पानी को छू दो। ऐसा करते ही तीलियाँ कटोरे के किनारों की ओर चल पड़ती हैं।

यदि वृत्त के केंद्र में मिस्री के टुकड़े को पानी से छुआ देते हो तब तीलियाँ फिर वापस आने लगती हैं।

साबुन को छुआने से तीलियों के बीच का पृष्ठ तनाव कम हो जाता है। इसलिए आसपास के पानी का पृष्ठ तनाव तीलियों को दूर खींच ले जाता है। परंतु चीनी/मिस्री पानी अवशोषित करती है। इसलिए पानी केंद्र (जहाँ मिस्री ने पानी को छुआ था) की ओर जाने लगता है। वह अपने साथ तीलियों को भी ले जाता है। इस प्रकार मिस्री तीलियों को आकर्षित नहीं करती वरन् पानी उन्हें धकेलता है।

□

43

फूँक मारो, वजन हिले

हम तुम्हें बताएँगे कि केवल फूँक मारकर तुम लटकती हुई भारी पुस्तक या तकिए जैसी वस्तु को भी झुला सकते हो।

इसके लिए तुम्हें चाहिए मजबूत रस्सी के दो टुकड़े और एक भारी किताब। रस्सी के टुकड़ों से किताब को दो स्थानों पर भली प्रकार बाँधकर टुकड़ों के दूसरे सिरों को किसी ऊँची कील आदि से बाँधकर इस प्रकार लटका दो जिससे किताब को झूलने में कोई रुकावट न आए। फिर किताब पर जोर से फूँक मारो। हो सकता है कि पहली बार फूँक मारने पर किताब बहुत कम हिले। अपनी फूँक का अधिक-से-अधिक प्रभाव उत्पन्न करने के लिए तुम्हें झूलती हुई वस्तु की गति के बारे में कुछ जानना जरूरी है। झूलती हुई वस्तु की गति उस समय सबसे अधिक होती है जब वह दोलन के मध्य में होती है। जैसे-जैसे वह किसी सिरे की ओर बढ़ती जाती है, उसकी गति धीमी होती जाती है और सिरे पर पहुँचकर वह बहुत थोड़े समय के लिए (सेकेंड के एक अंश के लिए) रुक जाती है। तब फिर से उलटी दिशा में झूलना आरंभ कर देती है।

अब यदि झूलती हुई पुस्तक पर तुम उस समय फूँक मारो जब वह एक सिरे पर आकर सेकेंड के अंश के लिए रुक गई हो तब तुम्हारे फूँक मारने का प्रभाव अधिकतम होगा। इस प्रकार उस क्षण फूँक मारने से भारी किताब भी जोर से झूलने लगेगी।

इससे एक बात स्पष्ट हो जाती है कि झूलती वस्तु को हिलाने में उसपर लगाए जानेवाले बल की मात्रा स्वयं बहुत महत्त्वपूर्ण नहीं होती वरन् वह 'क्रांतिक क्षण' (क्रिटिकल मूवमेंट) महत्त्वपूर्ण होता है जिसपर बल लगाया जाता है। इस प्रकार यदि झूलती हुई वस्तु पर एक मिनट में लगाए जानेवाले धक्कों की संख्या उतनी ही है जितनी दोलनों की संख्या, तब वह दूरी जिस तक झूलनेवाली वस्तु दोलन करती हुई पहुँचती है, बहुत बढ़ जाती है। □

आवाज ही आवाज को नष्ट करे

(ध्वनि + ध्वनि = शांति)

यदि शोर मचाते हुए एक बच्चे के साथ दूसरा बच्चा भी शोर मचाने लगता है तब शोर और तेज हो जाता है। इसी प्रकार एक आदमी के चिल्लाने की तुलना में बहुत से आदमियों के मिलकर चिल्लाने से कहीं अधिक शोर उत्पन्न हो जाता है। इसलिए हम जानते हैं कि उपर्युक्त शीर्षक पर तुम विश्वास नहीं करोगे। तुम यह मानने को तैयार ही नहीं होगे कि आवाज ही आवाज को नष्ट कर सकती है (ध्वनि + ध्वनि = शांति हो सकती है)। पर वास्तव में ऐसा भी हो सकता है। चाहो तो स्वयं करके देख लो।

इसके लिए तुम्हें चाहिए मात्र लोहे का एक चिमटा। चिमटे को किसी कठोर सतह पर मारकर, उसे अपने कान के पास लाकर सीधा पकड़ लो। कठोर सतह पर मारने से चिमटे की दोनों भुजाओं में कंपन होने लगेगा और साथ ही 'झन-झन-झन' की आवाज भी पैदा होने लगेगी। इस आवाज को ध्यान से सुनते हुए चिमटे को धीरे-धीरे घुमाते जाओ। चिमटे के घुमाने से उसकी आवाज पर पड़नेवाले प्रभावों को भी सावधानी से नोट करते रहो।

ऐसा करने पर तुम पाते हो कि कभी तुम्हें चिमटे की आवाज तेज सुनाई देने लगती है और कभी वह काफी धीमी पड़ जाती है। क्यों? इसका कारण है ध्वनि के प्रसार का तरीका। ध्वनि एक स्थान से दूसरे स्थान पर किसी भौतिक माध्यम में से होकर ही जा सकती है। साथ ही वह तरंगों में चलती है। जैसाकि तुम जानते हो, एक बार तरंग का शीर्ष (क्रैस्ट) आता है तो अगली बार उसका गर्त (ट्रफ)। जब एक ध्वनि तरंग का शीर्ष दूसरी तरंग के शीर्ष से मिल जाता है तब

ध्वनि प्रबल हो जाती है, परंतु जब एक तरंग का शीर्ष दूसरी तरंग के गर्त से मिलता है तब ध्वनि मंद पड़ जाती है। वह इतनी मंद भी पड़ सकती है कि तुम्हें सुनाई ही नहीं दे।

□

छेद तीन, लेकिन पानी की धार एक

आमतौर पर जब एक बरतन में कई छेद किए जाते हैं तब उन सबसे पानी की अलग-अलग धारें गिरती हैं। यदि तुम थोड़ी सी तरकीब करो तो ये धाराएँ आपस में मिलकर एक धार के रूप में भी गिर सकती हैं। इसके लिए तुम्हें चाहिए टिन का एक डिब्बा, उसमें बारीक छेद करने के लिए कील जैसी कोई नुकीली वस्तु और थोड़ा सा प्लास्टीसिन।

पहले डिब्बे में तली से कुछ ऊपर, पास-पास—एक-दूसरे से लगभग तीन-चौथाई से.मी. की दूरी पर—कील से तीन छोटे-छोटे छेद कर लो। इन छेदों के आसपास के डिब्बे के भाग को ठोककर सपाट कर लो।

अब छेदों में प्लास्टीसिन लगाकर उन्हें बंद कर लो और डिब्बे को पानी से लगभग आधा भर लो। प्लास्टीसिन हटाने पर छेदों से पानी की अलग-अलग धार गिरने लगती है। फिर छेदों पर एक साथ अपने हाथ की दो अँगुलियाँ और अँगूठा रखकर जोर से दबाओ। लगभग आधा मिनट तक ऐसा करते रहने के बाद अँगुलियों और अँगूठे को हटाने पर तुम पाते हो कि तीनों छेदों में से निकलनेवाला पानी तीन अलग-अलग धार के रूप में न गिरकर एक ही धार के रूप में गिरने लगता है।

ऐसा संसजन (कोहीजन) बल के कारण होता है। संसजन वह बल है जो एक जैसे अणुओं को एक-दूसरे की ओर आकर्षित करता है। जब तुम छेदों पर अँगुलियाँ और अँगूठा रखकर उन्हें दबाते हो तब छेदों में से निकलनेवाली धाराओं को और पास-पास लाने का प्रयत्न करते हो। इससे धाराओं के किनारों के पानी के अणु एक-दूसरे को निकट आने के लिए आकर्षित करने लगते हैं, जिससे अंततः तीनों धाराएँ मिलकर एक हो जाती हैं। □

46

मोबियस पट्टी बनाना

तुम जानते हो कि किसी भी कागज की दो बाजू होती हैं—एक सामनेवाली और एक पीछे की। इनको पृष्ठ भी कहते हैं। अगर तुम इनको रँगना चाहो तो तुम्हें इनको अलग-अलग रँगना होता है। परंतु आज से लगभग दो सौ वर्ष पहले मोबियस नामक एक जर्मन विद्वान् ने ऐसी तरकीब बताई थी जिससे कागज की एक बाजू को रँगने से ही दोनों बाजू रँग जाती हैं। (रंग कागज में से रिसकर नहीं जाता) पर इसके लिए तुम्हें कागज की पट्टी काटकर उसे विशेष रूप से जोड़ना होता है। ऐसी पट्टी 'मोबियस पट्टी' कहलाती है।

मोबियस पट्टी बनाने के लिए तुम्हें चाहिए लगभग तीस से.मी. लंबा सफेद कागज, कैंची, स्केल पट्टी, गोंद, रंग और पेंसिल।

पहले कागज के किनारे से दो-तीन से.मी. दूरी पर एक सरल रेखा खींच लो। इस रेखा पर से कागज को काट लो। इस प्रकार बनी पट्टी के एक सिरे पर 'क' लिख दो और दूसरे पर 'ख'। पट्टी को एक मोड़ देकर 'ख' सिरे को 'क' सिरे पर रख दो। इन सिरों को आपस में गोंद से चिपका दो। लो, बन गई मोबियस पट्टी।

अब इस पट्टी के मध्य में एक रेखा खींचो और इस रेखा पर से पट्टी को काटने की कोशिश करो। तुम्हें एक अलग पट्टी मिल जाती है। इसी प्रकार पट्टी के एक बाजू पर खींची गई रेखा पट्टी के दोनों बाजुओं पर चली जाती है। इसी प्रकार अगर पट्टी की एक बाजू को रँगने की कोशिश करते हो तो तुम दोनों बाजुओं को रँग डालते हो।

□

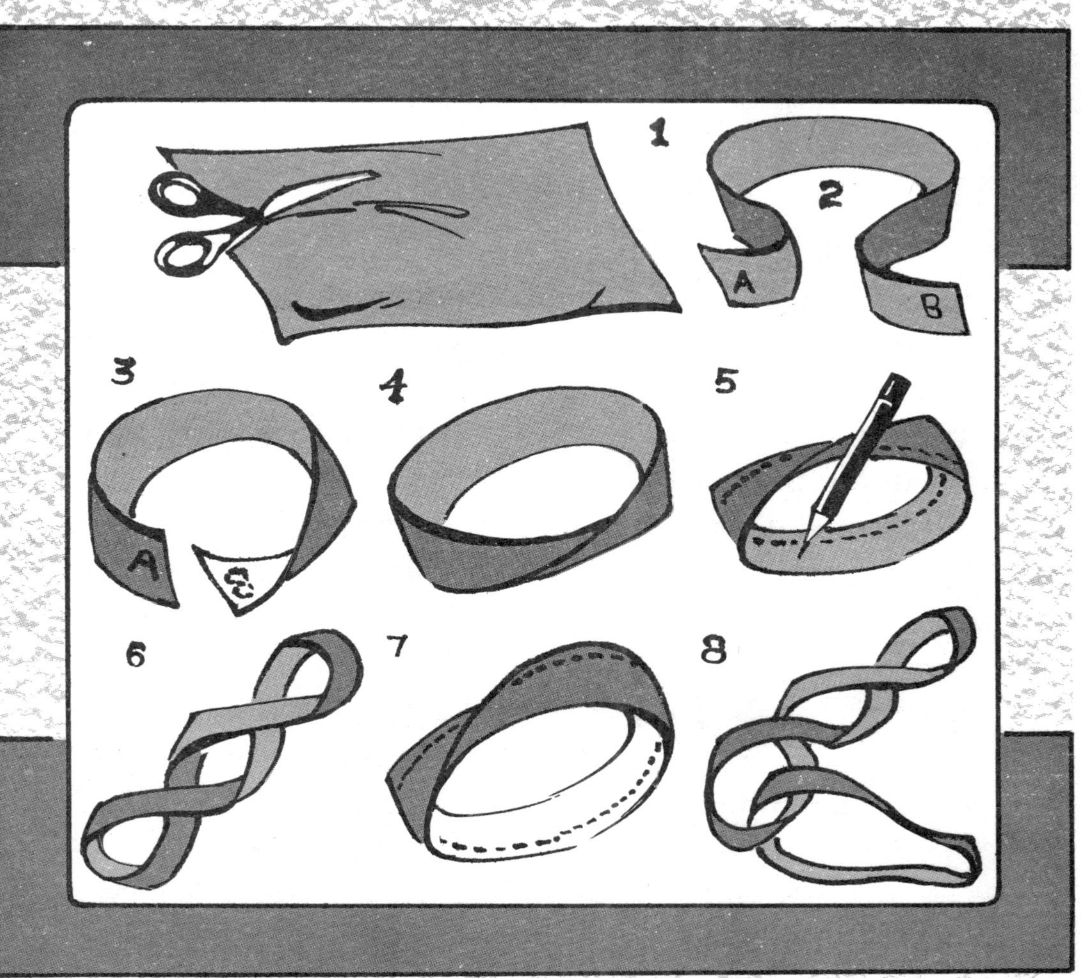
1
2
A
B
3
A
B
4
5
6
7
8

पानी के बिना जीवन नहीं

तुम पढ़ चुके हो कि अमृत एक ऐसी (काल्पनिक) वस्तु थी जिसकी खोज करते-करते रसायनशास्त्र का विकास हो गया। तुम यह भी जानते हो कि अमृत कोई वास्तविक (भौतिक) वस्तु नहीं थी। इसलिए उसे नहीं मिलना था और वह नहीं मिली। पर विज्ञान के विकास से हमें यह आभास अवश्य हो गया कि यदि पृथ्वी पर कोई ऐसी वस्तु हो सकती है जिसके गुण अमृत से काफी मिलते-जुलते हों तब वह केवल पानी ही हो सकती है। वास्तव में पानी इतनी आसानी से और इतनी मात्रा में हमें मिल जाता है कि हम उसके गुणों की वास्तविक कद्र नहीं करते। पृथ्वी के सबसे पहले जीव का जन्म पानी में ही हुआ था और आज भी पानी (समुद्र) में पनपनेवाले जीवों की संख्या और विविधता थलीय जीवों से कहीं अधिक है। वास्तव में पानी के बिना पृथ्वी पर किसी भी प्रकार का जीवन संभव नहीं है।

तुम एक छोटे से प्रयोग द्वारा आसानी से दर्शा सकते हो कि पानी के बिना पौधे जीवित नहीं रह सकते। (इस प्रकार का प्रयोग जंतुओं के साथ करना बहुत कठिन होता है और तुम उसे घर पर, आसानी से, नहीं कर सकते।)

इसके लिए तुम्हें चाहिए दो गुलदस्ते, दो गिलास और पानी। एक गिलास को लगभग आधा पानी से भर लो और उसमें एक गुलदस्ते को टिका दो। दूसरा गुलदस्ता खाली गिलास में टिका दो। दोनों गिलासों को लगभग चौबीस घंटे तक ऐसे ही रहने दो।

उसके बाद देखने पर पाओगे कि पानीवाले गिलास में रखा गुलदस्ता ताजा है, जबकि खाली गिलास में रखा गुलदस्ता मुरझा गया है।

□

भाप इंजन कैसे कार्य करता है

तुम जानते हो कि कुछ वर्ष पहले तक रेलगाड़ियों में भाप से चलनेवाले इंजन लगे होते थे। कहीं-कहीं ऐसे रेल इंजन अब भी इस्तेमाल किए जाते हैं। वे सवारी और माल दोनों प्रकार की गाड़ियों को खींचते थे। बाद में अत्यंत शक्तिशाली डीजल इंजनों और बिजली से चलनेवाले इंजनों का विकास हो जाने पर भापचालित रेल इंजनों का उपयोग समाप्त हो गया। परंतु अब भी अनेक स्थानों पर भाप इंजनों का उपयोग होता है।

आज भी हमारे देश के अधिकांश शहरों में बिजली पैदा करने के लिए भाप से ही टरबाइन को चलाया जाता है। यद्यपि बड़े बिजलीघर के टरबाइन को बनाना जटिल और श्रमसाध्य कार्य होता है, परंतु उसका कार्यकारी सिद्धांत बहुत सरल होता है। इस सिद्धांत को तुम भी एक साधारण प्रयोग द्वारा दर्शा सकते हो।

इसके लिए तुम्हें चाहिए छोटे मुँह का ऐसा पात्र जिसमें पानी गरम किया जा सके (इस काम के लिए काँच की फ्लास्क बेहतर होती है), गरम करने की व्यवस्था, उस पात्र के मुँह पर फिट हो सकनेवाला रबर का एक स्टॉपर, काँच की छोटी नली जिसके एक सिरे के छेद को छोटा कर दिया गया हो, टिन की एक घिरनी और उसको पकड़ने की युक्ति।

अगर इस प्रयोग के लिए तुमने काँच की फ्लास्क ली है तब उसे सीधे लौ पर नहीं रखना चाहिए वरन् तार (धातु) की जाली (वायर गॉज) पर रखकर गरम करना चाहिए। बिजली की हॉट प्लेट पर काँच की फ्लास्क को सीधा गरम किया जा सकता है, पर फ्लास्क को ठंडी प्लेट पर रखकर फिर प्लेट को गरम करना चाहिए।

टिन की घिरनी बनाने के लिए टिन के किसी डिब्बे का गोल (वृत्ताकार) ढक्कन ले लो।

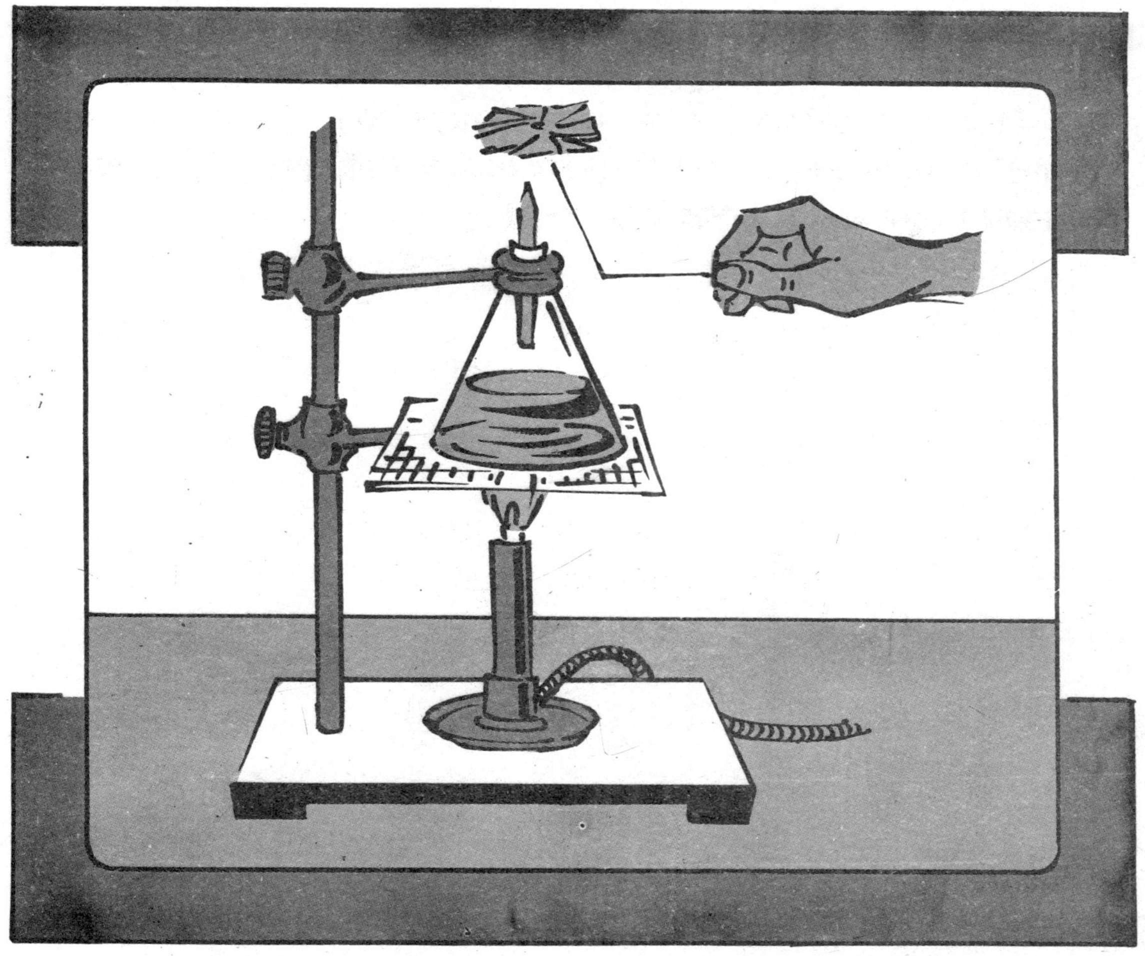

उसपर एक-एक से.मी. की दूरी पर निशान लगा लो। इन निशानों से केंद्र की ओर ढक्कन को लगभग तीन-चौथाई दूरी तक काट लो। इस प्रकार बनी पत्तियों को ऊपर की ओर थोड़ा उठा दो। फिर ढक्कन के केंद्र में छोटा सा छेद करके उसमें एक नुकीली डंडी फँसा लो। बन गई घिरनी।

अब रबर स्टॉपर में छेद कर उसमें से काँच की आधी नली निकाल लो।

पात्र/फ्लास्क को पानी से तीन-चौथाई भरकर उसके मुँह पर स्टॉपर लगा दो; पर ध्यान रहे कि नली का छोटे छेदवाला सिरा ऊपर की ओर रहे। फिर हॉट प्लेट को चालू कर दो। पानी के उबलने पर भाप नली में से निकलेगी, क्योंकि बाहर निकलने का उसे यही एक मार्ग उपलब्ध

है। घिरनी को डंडी में फँसाकर नली के ऊपरी सिरे के पास ले जाओ। भाप से घिरनी घूमने लगेगी।

बिजलीघर में इसी प्रकार भाप से टरबाइन की गरारियाँ घुमाई जाती हैं। इनसे टरबाइन चलती है, जो एक विशालकाय कुंडली को चुंबकीय क्षेत्र में घुमाती है। इससे चुंबकत्व विद्युत् में बदल जाता है। दूसरे शब्दों में, बिजली पैदा हो जाती है।

□

49

पानी नीचे उतरे, ऊपर भी चढ़े

कहते हैं कि एक बार महान् वैज्ञानिक माइकेल फैराडे सोने से पहले अपना तौलिया पानी से भरी एक चिलमची के किनारे पर पड़ा छोड़ गए। तौलिए का एक सिरा पानी में डूबा हुआ था, जबकि दूसरा नीचे जमीन पर पड़ा था। जब फैराडे सुबह उठे तो चिलमची का पूरा पानी फर्श पर आ गया था। चिलमची का पानी फर्श पर पहुँचा कैसे? केशिका क्रिया से। तौलिए के रेशों ने केशिकाओं का कार्य किया और पानी को नीचे पहुँचा दिया।

केशिका का अर्थ होता है केश (बाल) सदृश्य सूक्ष्म छिद्रवाली नली। केशिका क्रिया से हमारा तात्पर्य ऐसी क्रिया से है 'जिसके द्वारा द्रव की सतह को उस स्थान से जहाँ वह किसी ठोस के संपर्क में होती है, ऊपर उठा देना अथवा नीचे कर देना'। द्रव की सतह का ऊपर उठना अथवा नीचे गिरना द्रव के अणुओं का आपस में और ठोस के अणुओं के साथ सापेक्षिक आकर्षण पर निर्भर करता है।

प्रकृति में केशिका क्रिया बहुत महत्त्वपूर्ण कार्य करती है। वह जंतुओं के शरीर में रक्त परिसंचरण में सहायक होती है। उसकी मदद से ही पेड़-पौधों की जड़ें धरती से पानी ग्रहण कर उनके शिखर तक पहुँचा देती हैं।

केशिका क्रिया को दर्शाने के लिए तुम भी अनेक सरल लेकिन मनोरंजक प्रयोग कर सकते हो।

एक चपटी डिश में बाथरूम स्पंज रख दो। फिर डिश में एक कप पानी भर दो। वह पानी स्पंज में होनेवाली केशिका क्रिया के फलस्वरूप स्पंज की ऊपरी सतह तक पहुँच जाता है।

एक गिलास में पानी लेकर उसमें लाल, नीला या कोई अन्य रंग मिला दो। उसमें सफेद

फूल की लंबी डंडी डुबो दो। एक-दो घंटे में तुम उस रंगीन पानी को फूल में पाओगे।

एक गहरी प्लेट में पिसे हुए नमक का ढेर बना लो। फिर प्लेट में नमक के ढेर के आसपास थोड़ा सा कोई खाद्य रंजक (फूड डाई) डाल दो। रंग धीरे-धीरे ढेर के ऊपरी भाग तक पहुँच जाता है।

तुम ऐसे अनेक प्रयोग कर सकते हो।

□

उबलते पानी में बर्फ नहीं पिघलती

तुममें से अधिकांश बच्चे एकाएक बोल उठेंगे, 'ऐसा कैसे हो सकता है?' जब पानी उबल रहा है तब उसका ताप लगभग 100° सै. होना चाहिए। उस ताप पर बर्फ पिघलेगी ही नहीं वरन् उससे बना पानी भी उबलने लगेगा। (पानी समुद्र सतह पर अर्थात् 760 मि.मी. वायुमंडलीय दाब पर ही 100° सै. पर उबलता है। दाब के इससे कम हो जाने पर वह कम ताप पर ही उबलने लगता है, जबकि दाब के अधिक हो जाने पर वह अधिक ताप पर उबलता है।)

पर ऐसी भी परिस्थितियाँ होती हैं—और कोशिश करने पर तुम भी उन्हें पैदा कर सकते हो, जब उबलते पानी में भी बर्फ नहीं पिघलती। यदि तुम ऐसा प्रयोग करना चाहते हो तो तुम्हें चाहिए काँच की एक परखनली, परखनली को पकड़ने हेतु एक होल्डर, एक मोमबत्ती, बर्फ का एक टुकड़ा, ताँबे का छोटा सा तार और पानी।

बर्फ के एक टुकड़े पर ताँबे के तार का टुकड़ा लपेट दो। इससे बर्फ का टुकड़ा भारी होकर पानी में डूब जाएगा, अन्यथा वह तैरता रहेगा, क्योंकि बर्फ पानी से हलकी होती है। इस टुकड़े को धीरे से परखनली में डाल दो। ऐसा करते समय यह सावधानी रखो कि टुकड़ा परखनली की तली पर जोर से न गिरे। फिर परखनली को लगभग तीन-चौथाई पानी से भर लो।

अब मोमबत्ती जला लो। परखनली पर होल्डर फँसाकर मोमबत्ती की लौ के पास ले जाओ। परखनली को तिरछा करके इस प्रकार रखो कि लौ केवल उसके ऊपरी हिस्से को गरम करे, निचले हिस्से को नहीं। परखनली को कुछ देर इस प्रकार गरम करने के बाद उसके ऊपरी भाग का पानी गरम होकर उबलने लगता है, पर परखनली की तली में पड़ा बर्फ का टुकड़ा नहीं पिघलता। उस समय अगर तुम परखनली की तली को छुओ तो वह तुम्हें एकदम ठंडी महसूस होगी।

इसका क्या कारण है? इसका कारण है पानी का ऊष्मा का कुचालक होना। यद्यपि परखनली के ऊपरी भाग में भरा पानी गरम होकर उबलने लगा, परंतु उससे गरमी तली के पानी की ओर, जहाँ बर्फ का टुकड़ा पड़ा हुआ है, नहीं आई।

पानी या अन्य तरल संवहन क्रिया से ही गरम होते हैं। तली का पानी गरम होकर ऊपर उठता है, उसका स्थान नीचे तली का ठंडा पानी ले लेता है। वह भी गरम होकर ऊपर उठ जाता है और सतह का पानी नीचे आ जाता है। इस प्रकार एक संवहन चक्र बन जाता है। इसमें गरम पानी ही ऊपर उठता है, ठंडा पानी ऊपर नहीं उठता। □

जीवों की उत्पत्ति जीवों से ही होती है

आज तुम जानते हो कि जीव ही अन्य जीवों को पैदा कर सकते हैं, और जीव उसी जाति के ही जीव पैदा कर सकते हैं जिस जाति के वे स्वयं हैं। इसका यह अर्थ भी है कि जीव निर्जीव पदार्थ से उत्पन्न नहीं हो सकते हैं। चना बोने पर चने का पौधा ही उगेगा और बबूल के बीज बोने पर बबूल। इसी प्रकार मक्खियाँ मक्खियाँ ही पैदा कर सकती हैं, मच्छर मच्छर ही पैदा कर सकते हैं, कुत्ता कुत्ते को और आदमी आदमी को। न तो मच्छर मक्खी पैदा कर सकते हैं, न कुत्ता शेर और न मनुष्य चीता।

ये तथ्य आज सर्वज्ञात और सर्वमान्य हैं। आज तुम कल्पना भी नहीं कर सकते कि आज से लगभग सौ वर्ष पहले तक कुछ लोगों और कुछ प्रसिद्ध वैज्ञानिकों के मत इनसे भिन्न भी थे। वे लोग यह मानते थे कि जीव निर्जीव पदार्थों से भी पैदा हो सकते हैं और एक जाति के जीव भिन्न जाति के जीवों को भी जन्म दे सकते हैं। उनका मानना था कि जल-जहाजों की नलियों में पलनेवाले कृमि बरनाल गूज (एक प्रकार के हंस) में परिवर्तित हो जाते हैं और जलराशियों में उगनेवाली घास अंतत: मेढक और मछली जैसे जीवों को जन्म देती है।

विचित्र बात यह है कि ये मान्यताएँ लोगों के मस्तिष्क में उन्नीसवीं सदी के अंत तक भी पनपती रहीं। पर कुछ जीव वैज्ञानिक ऐसे भी थे जिनके पास ऐसे अकाट्य प्रमाण थे कि जीव ही जीव को जन्म दे सकता है। इनमें फ्रांस के वैज्ञानिक लुई जोबलो (1645-1723) और लुई पास्चुर (1822-1895) प्रमुख थे। उन्होंने अपने प्रयोगों से तथ्य को निर्विवाद रूप से सिद्ध कर दिया था। लुई पास्चुर के प्रयोग कुछ जटिल थे और तुम्हारे लिए उन्हें दोहराना कठिन होगा, पर लुई जोबलो का प्रयोग काफी सरल था। इसलिए हम तुम्हें उन्हींका प्रयोग बता रहे हैं। तुम स्वयं यह प्रयोग कर सकते हो। इसके लिए तुम्हें चाहिए थोड़ी सी सूखी घास, एक बड़ा पात्र, स्टोव (या गरम करने की कुछ अन्य व्यवस्था), दो छोटी गरदनवाले (कोनीकल) फ्लास्क और पानी। पहले घास को बारीक काट लो और उसे लगभग पाँच सौ मि.ली. पानी में रखकर लगभग आधा घंटे तक उबालो। इस

प्रकार जो काढ़ा बने उसे बराबर–बराबर मात्रा में दो फ्लास्कों में डाल दो। ठंडा होने से पहले एक फ्लास्क के मुँह को पार्चमेंट से भली प्रकार ढक दो, जिससे उसके अंदर हवा न जा सके। दूसरी फ्लास्क को खुला रहने दो। इन फ्लास्कों को लगभग एक सप्ताह के लिए बिना छेड़े रखा रहने दो। एक सप्ताह बाद दोनों फ्लास्कों के काढ़े की जाँच करो। ढकी हुई फ्लास्क के काढ़े में कोई सूक्ष्म जीव नहीं मिलता, जबकि बिना ढकी हुई फ्लास्क के काढ़े में सूक्ष्म जीव देखे जा सकते हैं (माइक्रोस्कोप से जाँच करने पर ये जीव बहुत स्पष्ट दिखाई देंगे)।

घास को आधा घंटे तक पानी में उबालने से घास या पानी में मौजूद सूक्ष्म जीव पूरी तरह नष्ट हो चुके थे। ये जीव कहाँ से आए? यदि ये स्वत: ही निर्जीव पदार्थों से उत्पन्न हुए होते तो दोनों फ्लास्कों में मौजूद होने चाहिए थे। पर ये तो केवल खुले फ्लास्क में ही पाए गए। इसका कारण यह है कि खुले फ्लास्क में हवा आसानी से प्रवेश करती रहती थी। इसलिए हवा में आमतौर पर हमेशा मौजूद रहनेवाले सूक्ष्म जीवों के बीजाणु (स्पोर) काढ़े में पहुँच गए और वहाँ अनुकूल परिस्थितियाँ मिल जाने पर जीवों में विकसित हो गए। □□□